# Pépites

## EXPRESSION ORALE

- J'écoute attentivement pour mieux comprendre ce que j'entends.
- Je raconte, j'explique, je décris.
- J'échange et je partage des idées avec les autres.
- Je lis à voix haute sans hésiter.
- Je mémorise des textes et je joue avec les mots.

▼

**Pour mieux m'exprimer et me faire comprendre**

4 Les étoiles et la nuit

EXPRESSION ORALE

Interdisciplinarité

Étape 1 Observons les photographies pour les comprendre

1. Comparez ces étoiles de mer.
   – Quels sont leurs points communs ?
   – Quelles sont leurs différences ?
2. Cherchez des informations sur les étoiles de mer dans votre dictionnaire et dans un documentaire. Notez ce qui vous paraît important sur votre cahier de brouillon.
3. D'après vous, pourquoi ces animaux s'appellent-ils des « étoiles de mer » ?

Étape 2 Je décris un animal étonnant

Aide-toi de ta BOITE À MOTS

- Choisis l'étoile de mer qui t'étonne le plus.
- Fais la liste des informations que tu souhaites donner sur cette étoile de mer.
- Commence par ce qui te surprend le plus dans cet animal.
- Donne ensuite des précisions sur son apparence.

Pense à...
- réfléchir à l'ordre dans lequel tu vas donner les informations.
- utiliser des mots précis.
- faire des phrases courtes et bien construites.

BOITE À MOTS

Pour présenter l'étoile de mer
- C'est un animal marin qui...
- Son corps est composé de...
- Elle ressemble à...
- Ses bras sont...

Pour décrire l'étoile de mer
- opaque
- translucide
- granuleuse
- clair
- foncé
- bicolore
- tacheté

Pour donner tes impressions
- étonnante
- surprenante
- Ce qui me plait le plus, c'est...
- Ce qui m'étonne le plus, c'est...

60 Chapitre 4 61

## EXPRESSION ÉCRITE

- Je copie sans erreur.
- Je reconnais des textes qui se ressemblent et je comprends comment ils s'organisent.
- Je produis des textes de plus en plus longs.
- J'améliore mes textes en utilisant les outils de la classe.

▼

**Pour produire des textes variés**

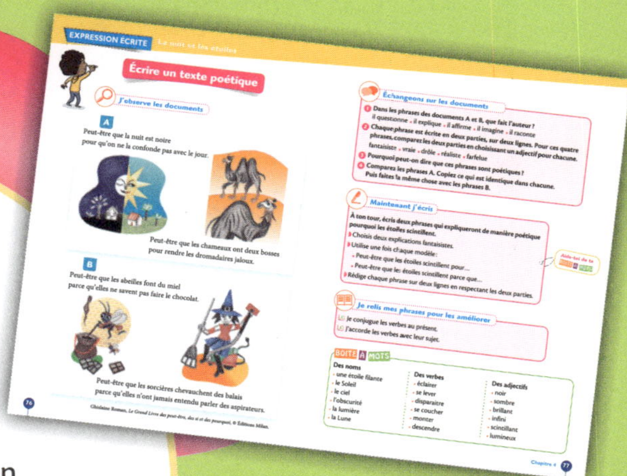
EXPRESSION ÉCRITE La nuit et les étoiles

Écrire un texte poétique

J'observe les documents

A
Peut-être que la nuit est noire
pour qu'on ne la confonde pas avec le jour.

Peut-être que les chameaux ont deux bosses
pour rendre les dromadaires jaloux.

B
Peut-être que les abeilles font du miel
parce qu'elles ne savent pas faire le chocolat.

Peut-être que les sorcières chevauchent des balais
parce qu'elles n'ont jamais entendu parler des aspirateurs.

Ghislaine Roman, *Le Grand Livre des peut-être, des si et des pourquoi*, © Éditions Milan.

Échangeons sur les documents
1. Dans les phrases des documents A et B, que fait l'auteur ?
   il questionne • il explique • il affirme • il imagine • il raconte
2. Chaque phrase est écrite en deux parties, sur deux lignes. Pour ces quatre phrases, comparez les deux parties en choisissant un adjectif pour chacune.
   fantaisiste • vraie • drôle • réaliste • farfelue
3. Pourquoi peut-on dire que ces phrases sont poétiques ?
4. Comparez les phrases A. Copiez ce qui est identique dans chacune. Puis faites la même chose avec les phrases B.

Maintenant j'écris

À ton tour, écris deux phrases qui expliqueront de manière poétique pourquoi les étoiles scintillent.
- Choisis deux explications fantaisistes.
- Utilise une fois chaque modèle :
  - Peut-être que les étoiles scintillent pour...
  - Peut-être que les étoiles scintillent parce que...
- Rédige chaque phrase sur deux lignes en respectant les deux parties.

Aide-toi de ta BOITE À MOTS

Je relis mes phrases pour les améliorer
- Je conjugue les verbes au présent.
- J'accorde les verbes avec leur sujet.

BOITE À MOTS

Des noms
- une étoile filante
- le Soleil
- le ciel
- l'obscurité
- la lumière
- la Lune

Des verbes
- éclairer
- se lever
- disparaître
- se coucher
- monter
- descendre

Des adjectifs
- noir
- sombre
- brillant
- infini
- scintillant
- lumineux

76 Chapitre 4 77

# Pépites

CE1
CYCLE 2

# Français

**Ce manuel applique les règles de la nouvelle orthographe, comme le recommandent les programmes. Toutefois, les textes reproduits le sont dans leur orthographe d'origine. Les deux graphies sont admises. www.renouvo.org**


*Coordonné par*

**Catherine Savadoux-Wojciechowski**
Inspectrice de l'Éducation Nationale

**Claire Bey-Chenu**
Conseillère pédagogique

**Christine Boidron-Jamet**
Conseillère pédagogique – Enseignante spécialisée

**Magali Caylat**
Inspectrice de l'Éducation Nationale

**Laure Degoul**
Enseignante spécialisée

**Marie-Ange Maurouard**
Professeure des écoles – Maitre formatrice

**Sylvie Moussaoui**
Conseillère pédagogique



MAGNARD

www.pepites.magnard.fr

# Sommaire

# Oral-Lecture-Écriture

## 1 Histoires de tortues

**Les compétences à acquérir en lecture et compréhension**

- Identifier les personnages et les caractériser.
- Identifier le temps et le lieu de l'histoire.
- Extraire des informations d'un documentaire.
- Émettre des hypothèses sur la suite d'un récit.
- Identifier les caractéristiques de la tortue.



## 2 En route vers l'école

**Les compétences à acquérir en lecture et compréhension**

- Identifier les personnages et les caractériser.
- Identifier le temps et le lieu.
- Comprendre les relations entre les personnages.
- Identifier le champ lexical de l'école.
- Comparer l'école d'aujourd'hui à celle d'autrefois.

# 3 Gourmandises

**Les compétences à acquérir en lecture et compréhension**
- Comprendre les motivations des personnages.
- Comprendre la chronologie des actions.
- Comprendre l'organisation d'un documentaire, d'une recette.



# 4 Les étoiles et la nuit

**Les compétences à acquérir en lecture et compréhension**
- Identifier les personnages et les caractériser.
- Identifier les problèmes des personnages.
- Prélever des informations dans une page de documentaire.



✦ Textes issus de la liste de référence du ministère de l'Éducation nationale.

# Sommaire Oral-Lecture-Écriture

## 5 Aventures et mésaventures

**Les compétences à acquérir en lecture et compréhension**

- **Identifier les actions des personnages et leur enchainement.**
- **Identifier les sentiments des personnages.**
- **Identifier les caractéristiques du dialogue théâtral.**



✦ Textes issus de la liste de référence du ministère de l'Éducation nationale.

# Sommaire

# Étude de la langue

Ce picto signale des étiquettes à imprimer à partir du CD-Rom inclus dans le guide pédagogique.

## JE RÉVISE LES SONS



## ORTHOGRAPHE

### J'apprends à écrire ce que j'entends



### J'apprends à accorder



## GRAMMAIRE

### La phrase



### Autour du verbe



### Autour du nom



## CONJUGAISON



### Le présent de l'indicatif des verbes en *-er*



### Le présent de l'indicatif des verbes fréquents



### L'imparfait de l'indicatif



### Le futur de l'indicatif



### Le passé composé de l'indicatif



## VOCABULAIRE

# Proposition de programmation

# Oral
# Lecture
# Écriture

## EXPRESSION ORALE

## Étape 1 Observons le document pour le comprendre

**1 Ce document est :**

un prospectus | un ticket d'entrée | une affiche | une page documentaire

**Expliquez votre choix.**

**2 Repérez sur ce document :**
le titre • une adresse internet • des dates • des horaires • un lieu • le nom de l'organisateur

**3 Sur votre cahier de brouillon, relevez les activités proposées pendant cette fête.**

## Étape 2 Je présente un évènement

Aide-toi de ta BOITE À MOTS

- **Indique ce que le document annonce.**
- **Précise quand et où cela a lieu.**
- **Indique avec précision les horaires.**
- **Rappelle ce que le public peut faire ces jours-là.**

### Pense à...

- choisir un vocabulaire précis.
- présenter les informations dans l'ordre de l'étape 2.
- parler fort pour que toute la classe t'entende.

### BOITE À MOTS

**Pour parler de l'évènement**
- ouvrir
- fermer
- accueillir le public
- présenter

**Pour parler du rôle de l'affiche**
- Cette affiche nous informe...
- Elle explique...
- Elle annonce...
- Elle propose...

# Quelle chaleur !

**Vocabulaire**
**1. Véloce :** *très rapide.*

Lulu Vroumette, la tortue **véloce**[1], rentre de l'école en courant, son cartable sur le dos. Il est lourd. Il fait chaud et elle vient encore de battre à la course son meilleur ennemi, Rien-ne-sert, le lièvre même pas roux et prétentieux.

Lulu Vroumette est en nage. « En nage ! Quelle bonne idée ! Et si on se trempait dans l'eau. Un petit plouf dans la rivière. Les devoirs attendront bien un peu. Déshabillons-nous. »

Aussitôt dit, aussitôt fait. Lulu Vroumette retire son cartable à bretelles. Comme elle se sent légère !

« Il n'y a personne. Et si je me baignais toute nue… »

Aussitôt dit, aussitôt fait. Lulu Vroumette quitte sa carapace de tous les jours.

Daniel Picouly, *Lulu Vroumette*, illustré par Frédéric Pillot, © Magnard Jeunesse.

## Ma première lecture

**1** **Choisis l'illustration qui correspond à l'histoire. Explique ton choix.**

**2** **À quel moment de la journée cette histoire se déroule-t-elle ? Explique comment tu le sais.**

## Je relis pour mieux comprendre

**3** **Vocabulaire** **Copie ce qui a le même sens que la phrase du texte :**

« Lulu Vroumette est **en nage**. » (ligne 7)

- Lulu Vroumette transpire.
- Lulu Vroumette nage.
- Lulu Vroumette est en maillot de bain.
- Lulu Vroumette est en sueur.

**4** **Explique pourquoi Lulu Vroumette est en nage.**

**5** **Associe ces étiquettes pour former deux phrases.**

| | |
|---|---|
| La tortue se sent légère parce qu'… | … elle décide de se baigner. |
| Lulu enlève sa carapace parce qu'… | … elle a retiré son cartable. |

### Échangeons

**6** **Pourquoi peut-on dire que Lulu Vroumette n'est pas une tortue comme les autres ?**

## Ai-je bien compris le texte ?

**7** « Lulu Vroumette quitte sa carapace de tous les jours. » (lignes 14-15)

**Écris une phrase pour raconter ce que Lulu Vroumette va faire ensuite.**

## Je lis à voix haute sans hésiter

**Le vert te permet de repérer ce que tu as déjà lu.**

- Lulu Vroumette retire son cartable.
- Lulu Vroumette retire son cartable à bretelles.

# La tortue de terre

## Texte 1 – Mise en boîte

La tortue vit dans une boîte tout en os et recouverte d'écailles. Cette carapace est bien pratique pour la protéger. Mais du coup, son corps manque de souplesse. Pas vraiment équipée pour se faufiler, elle est plutôt du genre « bulldozer ».

## Texte 2 – Une grande cascadeuse

Le territoire d'une tortue est plein de creux, de bosses, de pierres, de buissons épineux. Mais quand cette petite têtue décide d'aller dans une direction, ce ne sont pas ces quelques obstacles qui vont l'en empêcher.

Et puis, elle porte une véritable armure !

Paul Starosta, *La Tortue, étonnante centenaire*,
coll. « Doc à pattes », illustré par Benjamin Samason, © Éditions Milan.

## Ma première lecture

**1** **De quel livre ces textes sont-ils extraits ?**

A

B

C

**2** **Grâce à ces textes :**
a. je lis une histoire. b. je m'informe. c. je lis un poème. d. je fabrique un objet.

## Je relis pour mieux comprendre

**3** **Vocabulaire** **Recherche dans le texte 1 l'expression qui explique le mot *carapace*.**

**4** **Dans le texte 2, relève les mots qui désignent la tortue.**

**5** **Vocabulaire** **Trouve à partir de quel mot est formé le mot *souplesse*.**
**Puis explique ce que veut dire cette phrase :**

« …son corps manque de souplesse. » (ligne 3)

**6** **Termine cette phrase en choisissant parmi les propositions.**

Son corps manque de souplesse
- parce qu'il est plein de creux et de bosses.
- parce qu'il est tout en os.
- parce qu'il est recouvert d'une carapace.

**7** **Explique la phrase :** « Et puis, elle porte une véritable armure ! » (ligne 9)

### Échangeons

**8** **Expliquez pourquoi la tortue est « plutôt du genre "bulldozer" » (ligne 4).**

## Ai-je bien compris le texte ?

**9** **Écris une phrase pour expliquer ce que tu as retenu sur la tortue.**

## Je lis à voix haute sans hésiter

**Le vert te permet de repérer ce que tu as déjà lu.**
- La tortue vit dans une boîte.
- La tortue vit dans une boîte tout en os.
- La tortue vit dans une boîte tout en os et recouverte d'écailles.

# Mon Alfred chéri !

Alfred tenait compagnie à Mme Silver depuis des années et vivait sur son balcon été comme hiver. Des planches avaient été disposées le long de la **balustrade**[1] pour l'empêcher de basculer dans le vide et, dans un coin, il y avait une petite maison où Alfred rentrait tous les soirs se mettre à l'abri. Aux premiers froids, Mme Silver garnissait la maison d'Alfred de foin sec et **odorant**[2] ; la tortue s'y creusait un nid et s'endormait pour de longs mois sans manger ni boire : elle hibernait.

Au début du printemps, lorsque Alfred sentait les premières chaleurs à travers sa carapace, se réveillait et sortait lentement sur le balcon, Mme Silver, ravie, battait des mains et s'écriait :

– Sois le bienvenu, mon chéri ! Si tu savais comme tu m'as manqué !

**Vocabulaire**

**1. Balustrade :** *la barrière d'un balcon.*

**2. Odorant :** *parfumé.*

Roald Dahl, *Un amour de tortue*, illustrations de Quentin Blake, traduction d'Henri Robillot, © Éditions Gallimard Jeunesse / © Roald Dahl Nominee Ltd, 1990.

## Ma première lecture

**1 Termine la phrase :** Madame Silver est…

la voisine d'Alfred. | la dame qui s'occupe d'Alfred. | la femme d'Alfred.

**2 Choisis l'illustration qui correspond à l'histoire. Explique ton choix.**

## Je relis pour mieux comprendre

**3 Vocabulaire De quelle saison l'auteur parle-t-il quand il utilise l'expression** *aux premiers froids* **(ligne 10) ?**

**4 Relève dans le texte ce qu'Alfred fait en hiver, puis au printemps.**

**5 Vocabulaire Copie la phrase du texte qui explique :** « …elle hibernait. » (ligne 12)

### Échangeons

**6 Dans quelle liste pouvez-vous placer Alfred ? Expliquez votre choix.**

a. chien • hamster • chat

b. ours blanc • panthère • requin

c. poule • âne • chèvre

## Ai-je bien compris le texte ?

**7** « – Sois le bienvenu, mon chéri ! Si tu savais comme tu m'as manqué ! » (l. 16)

**Alfred explique à Mme Silver d'où il vient et ce qu'il faisait. Écris ce qu'il lui dit.**

## Je lis à voix haute sans hésiter

**Le vert te permet de repérer ce que tu as déjà lu.**

- Alfred tenait compagnie à Mme Silver.
- Alfred tenait compagnie à Mme Silver depuis des années.
- Alfred tenait compagnie à Mme Silver depuis des années et vivait sur son balcon.

# L'éléphant, le rhinocéros et la tortue (partie 1)

Texte intégral en 2 parties

Un matin, la tortue alla rendre visite à l'éléphant.

– Tout le monde croit que tu es l'animal le plus fort de la savane, alors qu'en fait j'ai beaucoup plus de force que toi, lui dit-elle.

L'éléphant pouffa de rire.

– Déguerpis si tu ne veux pas que je t'écrase, répliqua-t-il.

– Je te propose un combat demain à la même heure. Je viendrai avec une corde. Chacun tirera de son côté, et nous verrons bien qui est le plus fort.

L'éléphant accepta.

Alors la tortue alla voir le rhinocéros.

– On t'entend toujours te vanter de ta force, mais je suis beaucoup plus forte que toi, dit-elle.

– Tu plaisantes, répondit le rhinocéros.

– Pas du tout ! Demain, j'apporterai une corde, et nous tirerons chacun de notre côté pour savoir lequel est le plus fort.

Jean Muzi, « L'éléphant, le rhinocéros et la tortue »,
*26 contes de la Savane,* © Flammarion, 2007.

## Ma première lecture

**1** **Où l'histoire se déroule-t-elle ?**
**Relève dans le texte les mots qui te permettent de répondre.**

**2** **Fais la liste des personnages de cette histoire.**

## Je relis pour mieux comprendre

**3** **Complète la phrase :** La tortue va voir l'éléphant et le rhinocéros…

pour leur parler. — pour leur lancer un défi. — pour les inviter.

**4** **Que propose la tortue à l'éléphant ?**

a. de se battre contre elle dans un combat de boxe.

b. de se battre contre le rhinocéros.

c. de se battre contre elle dans une épreuve de « tir à la corde ».

**5** **Vocabulaire** **Relève dans le texte les mots qui ont le même sens que le verbe dire.**

### Échangeons

**6** **Choisissez le résumé qui correspond à l'histoire. Expliquez votre choix.**

**A**
Une tortue propose un combat à deux animaux plus forts qu'elle.

**B**
Une tortue propose à l'éléphant de se battre contre un rhinocéros.

**C**
Une tortue demande à deux animaux de l'aider à tirer sur une corde.

## Ai-je bien compris le texte ?

**7** **Que va-t-il se passer le lendemain ? Rédige un court texte pour donner ton idée.**

## Je lis à voix haute sans hésiter

**Le vert te permet de repérer ce que tu as déjà lu.**

- Demain, j'apporterai une corde.
- Demain, j'apporterai une corde, et nous tirerons chacun de notre côté.
- Demain, j'apporterai une corde, et nous tirerons chacun de notre côté pour savoir lequel est le plus fort.

# L'éléphant, le rhinocéros et la tortue (partie 2)

Le lendemain matin, la tortue donna à l'éléphant une des extrémités de sa longue corde. Il la saisit avec sa trompe.

– Ne commence à tirer que lorsque tu m'entendras crier, lui dit-elle.

Elle déroula la corde et la fit passer au-dessus de la colline qui séparait l'éléphant du rhinocéros et les empêchait de se voir. Elle tendit l'autre extrémité à ce dernier, qui la prit entre ses dents.

– Attends que je sois à l'autre bout et je crie pour commencer à tirer, lui dit-elle.

Elle monta sur la colline en suivant la corde. Arrivée en haut, elle se cacha sous les broussailles et attendit un moment avant de donner le signal.

– Tire, cria-t-elle.

L'éléphant et le rhinocéros **s'arc-boutèrent**[1] sur leurs quatre pattes et tirèrent. Mais aucun ne fut capable de faire bouger l'autre. Ils tirèrent encore. Ils tirèrent de toutes leurs forces. En vain.

– Arrêtons-nous, finit par crier la tortue comme si elle était **lasse**[2] de lutter.

Elle sortit de sa cachette et alla voir l'éléphant puis le rhinocéros. L'un et l'autre admirent alors qu'elle était beaucoup plus forte qu'ils ne l'auraient cru.

Comme il lui avait été facile de **berner**[3] d'aussi gros animaux, la tortue décida de recommencer avec d'autres. Depuis, ils sont de plus en plus nombreux à se méfier d'elle dans la savane.

Jean Muzi, « L'éléphant, le rhinocéros et la tortue »,
*26 contes de la Savane,* © Flammarion, 2007.

**Vocabulaire**

**1. S'arc-boutèrent :** *s'appuyèrent fortement.*

**2. Lasse :** *fatiguée.*

**3. Berner :** *tromper.*

## Ma première lecture

**1** **Rappelle-toi ce qui s'est passé dans la partie 1 (p. 18). Racontons-le ensemble.**

**2** **Choisis l'illustration qui correspond à la partie 2. Explique ton choix.**

## Je relis pour mieux comprendre

**3** **Quels sont les mots qui caractérisent le mieux la tortue ? Explique ton choix.**

forte • maligne • peureuse • rusée • vantarde • courageuse

**4** **Vocabulaire** « L'un et l'autre **admirent** alors qu'elle était beaucoup plus forte qu'ils ne l'auraient cru. » (lignes 21-22)

**Copie la phrase qui veut dire la même chose :**

a. L'un et l'autre admettent qu'elle est très forte.

b. L'un et l'autre sont admiratifs parce qu'elle est très forte.

**5** **Choisis la phrase qui exprime le mieux ce que l'éléphant et le rhinocéros pensent de la tortue au début du texte (partie 1, p. 18).**

Elle se croit plus forte que moi ! Pff !

Je devrais me méfier de cette tortue.

Oh là là ! Cette tortue est trop forte pour moi !

### Échangeons

**6** **À la fin du conte, que pensent l'éléphant et le rhinocéros de la tortue ?**

## Ai-je bien compris le texte ?

**7** **Écris la liste des animaux que la tortue va aller voir après cette aventure.**

## Je lis à voix haute sans hésiter

**Le vert te permet de repérer ce que tu as déjà lu.**

- Elle déroula la corde.
- Elle déroula la corde et la fit passer au-dessus de la colline.
- Elle déroula la corde et la fit passer au-dessus de la colline qui séparait l'éléphant du rhinocéros.

# La Tortue

Je suis tortue et je suis belle,
Il ne me manque que des ailes
Pour imiter les hirondelles,
Que ? Que ?

Mon élégant corset d'écailles
Sans boutons, sans vernis, ni mailles
Est exactement à ma taille.
Ni ? Ni ?

Je suis tortue et non bossue,
Je suis tortue et non cossue,
Je suis tortue et non déçue,
Eh ? Non ?

Robert Desnos, « La Tortue »,
extrait de *Chantefables et Chantefleurs*,
© Gründ.

## Ma première lecture

**1 Ce texte est :**

une bande dessinée | un documentaire | un poème | une histoire | une recette

**2 Lis le dernier mot de chaque ligne (une ligne est appelée « vers » en poésie). Quels sons identiques entends-tu à la fin de ces mots ?**

**3 L'auteur utilise le même son à la fin des vers : cela s'appelle une « rime ». D'après toi, pourquoi le poète utilise-t-il des rimes ?**

**4 Qui est *je* dans ce poème ?**

a. la tortue b. l'auteur, Robert Desnos c. les hirondelles d. une autre personne

## Je relis pour mieux comprendre

**5** « Mon élégant corset d'écailles » (vers 5)

**Cherche dans les textes de la page 14 les expressions qui correspondent au mot *corset*.**

**6 Vocabulaire Le mot *cossue* (vers 10) signifie « riche ». Copie les mots qui signifient le contraire de *cossu*.**

pauvre • fortuné • malheureux • argenté • miséreux • laid

### Échangeons

**7 Quels mots correspondent le mieux à la tortue ? Expliquez votre choix.**

sympathique • charmante • fière • laide • amusante • modeste • coquette

## Ai-je bien compris le texte ?

**8 Fais la liste des animaux qui pourraient dire, comme la tortue :**

Mon élégant corset d'écailles
Sans boutons, sans vernis, ni mailles
Est exactement à ma taille.

## Je lis à voix haute sans hésiter

**Par deux, répartissez-vous les vers pour lire le poème.**

# Décrire une statue

## J'observe les documents

Interdisciplinarité

### La tortue de la Cité interdite de Pékin

Voici une statue que tu peux admirer en Chine, dans la Cité interdite. Pendant 500 ans, les empereurs chinois ont vécu dans cet immense palais.
C'était une véritable ville. Personne ne pouvait y entrer sans autorisation. Maintenant, tout le monde peut la visiter.

Voici une tortue que tu peux rencontrer dans un jardin.

## Échangeons sur les documents

1. **Comparez la statue à la tortue de jardin.**
   – Quelles sont leurs ressemblances ?
   – Quelles sont leurs différences ?
2. **À quel autre animal cette statue vous fait-elle penser ?**
3. **Faites la liste des éléments que vous allez décrire. Aidez-vous de la discussion de la question 1.**
4. **Choisissez dans la liste les impressions que vous ressentez en regardant la statue.**

la peur • l'étonnement • la surprise • l'admiration

## Maintenant j'écris

**Rédige ton texte en deux paragraphes.**

- Écris trois phrases pour décrire le corps de la statue et son allure.
- Puis écris deux phrases pour dire l'impression que tu ressens en regardant cette statue.

Aide-toi de ta BOITE À MOTS

## Je relis mon texte pour l'améliorer

- [x] J'utilise la Boite à mots pour bien orthographier les mots qui désignent les parties du corps de la tortue.
- [x] J'accorde les verbes avec leurs sujets.
- [x] Je vérifie la ponctuation de mon texte.

## BOITE À MOTS

**Pour décrire le corps de la statue**
- carapace
- cou
- écailles
- griffes
- pattes

**Pour préciser son allure**
- féroce
- sauvage
- courageuse
- effrayante
- impressionnante

**Pour exprimer tes impressions**
- Cette statue a l'air…
- Elle ressemble à…
- Elle me fait penser à…

# 2 En route vers l'école

## EXPRESSION ORALE

Interdisciplinarité

Une classe d'enfants kazakhs sur le mont Altaï (Chine, *Asie*).

Une classe d'enfants ougandais (Ouganda, *Afrique*).

## Étape 1 Observons les photographies pour les comprendre

1. **Repérez sur une carte les pays cités dans les légendes des photographies.**
2. **Observez les photographies pour décrire :**
   - les lieux dans lesquels les écoliers se trouvent ;
   - les vêtements qu'ils portent ;
   - le matériel qu'ils utilisent.
3. **Que font les élèves ?**

   ils lisent | ils écrivent | ils écoutent | ils dessinent

## Étape 2 Je décris une classe dans le monde

Aide-toi de ta BOITE À MOTS

- **Choisis la photographie qui t'étonne le plus.**
- **Précise le pays dans lequel la classe se trouve et décris d'abord le lieu.**
- **Décris ensuite les élèves : leurs vêtements, leur matériel.**
- **Raconte ce qu'ils font.**
- **Précise enfin ce qui te surprend dans cette photographie.**

### Pense à...

- organiser les informations en respectant l'ordre de l'étape 2.
- situer sur une carte le pays dans lequel la classe se trouve.
- parler lentement pour que tes camarades te comprennent.

### BOITE À MOTS

**Pour parler de la classe**
- les tables
- les affiches
- des pierres
- les murs
- en plein air
- à l'extérieur

**Pour parler des élèves**
- en uniforme
- attentifs
- assis
- sérieux
- concentrés
- serrés

**Pour exprimer ton étonnement**
- Ce qui me surprend, c'est...
- Ce qui m'étonne, c'est...
- Je suis étonné(e) par...
- Je suis surpris(e) par...

# Un carnet « Top secret »

Ma tante Simone m'avait offert ce carnet en disant :

– Nico, tu pourras y écrire tout ce que tu veux ! Tout !

C'était un joli carnet aux feuilles ocre, dont la couverture en carton imitait bien le cuir. Dessus, en lettres dorées, était gravé : ***Top secret***.

Le lendemain, avant la cantine, j'ai sorti le carnet de mon cartable pour le montrer à Farid. C'était pendant la demi-heure de travail personnel.

– Il est beau, mais qu'est-ce que tu vas en faire ? m'a-t-il demandé.

– Écrire des secrets importants, des choses spéciales !

– Tu as des secrets que je ne connais pas ? a-t-il fait, un peu inquiet.

– Non, mais ma tante a dit que je pouvais écrire dans ce carnet absolument tout ce que je voulais !

– Ben pour l'instant, il est vide ! a souri Farid en haussant les épaules.

Sur la première page, en m'appliquant, j'ai d'abord écrit mon nom et mon adresse.

– C'est pas très spécial, comme secret… a fait Farid.

Sur les deux pages suivantes, j'ai fait des essais de signatures. Mais j'ai vite abandonné aussi. Lorsque je réussissais une signature qui me plaisait, je n'arrivais plus à la reproduire.

– Nico, c'est un carnet *Top secret*, pas un cahier de brouillon ! Si c'est tout ce que tu trouves à écrire, c'est nul !

Alors avec mes feutres, j'ai écrit : j'aime Alice.

Hubert Ben Kemoun, *Nico : rapporteur !*, coll. « Premiers romans », © Nathan Jeunesse.

## Ma première lecture

**1** **Qui dit *je* dans ce texte ? Relève les indices.**

**2** **D'après toi, où se trouvent Nico et Farid ? Explique comment tu le sais.**

## Je relis pour mieux comprendre

**3** **Vocabulaire**

« … la couverture en carton **imitait** bien le cuir. » (lignes 6-7)

**Remplace le verbe *imitait* par un autre verbe qui signifie la même chose.**

**4** **Relève dans le texte les mots qui montrent que le carnet est un beau cadeau et que Nico en prend soin.**

**5** **Explique pourquoi Farid dit :**

« …c'est un carnet *Top secret*, pas un cahier de brouillon ! » (ligne 24)

**6** **Relève les phrases qui indiquent que Farid et Nico se connaissent bien.**

### Échangeons

**7** **D'après vous, qui peut bien être Alice ?**

## Ai-je bien compris le texte ?

**8** « … j'aime Alice. » (ligne 26)

**Écris en une phrase ce que dit Farid lorsqu'il lit le secret de Nico.**

## Je lis à voix haute sans hésiter

**Le vert te permet de repérer ce que tu as déjà lu.**

- C'était un joli carnet.
- C'était un joli carnet aux feuilles ocre.
- C'était un joli carnet aux feuilles ocre, dont la couverture en carton imitait bien le cuir.

# À l'école autrefois

Au XIXe siècle, en France, une loi rend l'école gratuite et obligatoire pour tous les enfants de 6 à 13 ans. Mais les filles et les garçons plus âgés sont souvent obligés de travailler pour aider leurs parents.

**Emma a 8 ans.** Elle est écolière.

Emma va à l'école tous les jours de 8h00 à 16h00, sauf le jeudi et le dimanche. Elle se lève à 6h30 car elle doit faire 6 kilomètres à pied pour s'y rendre.

**Ses fournitures**



Emma porte un tablier qui cache ses vieux habits.

**Dans la classe**

Les garçons et les filles sont séparés.

Le bon élève reçoit un bon point ; le mauvais élève porte un bonnet d'âne.

L'institutrice fait lire les enfants. Elle apprend le français à ceux qui parlent seulement la langue de leur région.



82

Cécile Jugla, *Ma première encyclopédie Dokéo 3-6 ans*,
illustrations de Rémi Saillard,
© Nathan Jeunesse.

## Ma première lecture

**1** **Cette page propose :**

un conte | des définitions de dictionnaire | des informations | un poème

**Explique ton choix.**

**2** **Recherche sur le document des indices qui montrent qu'il s'agit d'une école d'autrefois.**

## Je relis pour mieux comprendre

**3** **Copie les phrases qui sont justes.**

a. Les garçons sont dans la même classe que les filles.

b. Les élèves portent une blouse.

c. Pour écrire, les élèves utilisent un porte-plume.

d. Les élèves vont tous les jours à l'école sauf le samedi et le dimanche.

**4** Vocabulaire **Relève le mot qui indique l'ensemble du matériel qu'Emma doit avoir en classe pour travailler.**

**5** **Explique à qui l'institutrice apprend le français.**

**6** **En t'aidant de la page 30, termine les phrases suivantes :**

Le bon élève reçoit… | Le mauvais élève porte…

### Échangeons

**7** **Expliquez quelles différences vous relevez entre l'école d'autrefois et l'école actuelle.**

## Ai-je bien compris le texte ?

**8** **Écris une phrase sur ce qui te surprend dans l'école d'autrefois.**

## Je lis à voix haute sans hésiter

**Le vert te permet de repérer ce que tu as déjà lu.**

- Emma va à l'école tous les jours.
- Emma va à l'école tous les jours de 8 h 00 à 16 h 00.
- Emma va à l'école tous les jours de 8 h 00 à 16 h 00, sauf le jeudi et le dimanche.

# Cartable

Texte intégral

*Pour deux personnes*
*(Fouzia et son amie Lola)*

## Ingrédients

- un cartable (neuf)
- deux cahiers, un livre de mathématiques, une trousse, un classeur, une règle
- un ballon, une corde à sauter, une poupée Barbie avec ses habits, deux bracelets, un lapin en peluche, un paquet de gâteaux au chocolat, une paire de rollers, un sachet de bonbons à la framboise

Finies les vacances. L'école recommence ce matin. Fouzia est contente. C'est bien, l'école, on peut jouer avec les copines.

Fouzia prépare son cartable. Un cartable tout neuf.

Elle met dedans : un ballon, deux cahiers, la corde à sauter, le livre de mathématiques, une poupée Barbie, une trousse, deux bracelets, un classeur, le lapin en peluche, une règle.

Zut ! il n'y a plus de place.

Il y a encore des tas de choses à emporter : les gâteaux au chocolat, les rollers, les bonbons à la framboise et les habits de Barbie.

Elle enlève le moins important : les cahiers, le livre de mathématiques, la trousse, le classeur, la règle. Mais elle a beau tasser, les rollers et les habits de Barbie n'entrent pas.

Alors elle téléphone à Lola, sa meilleure amie.

– Lola, il faut que tu viennes jouer chez moi. Je ne peux pas aller à l'école aujourd'hui. Mon cartable est trop petit.

Bernard Friot, *Histoires minute*, © Éditions Milan.

## Ma première lecture

**1 Choisis la couverture du livre qui correspond au texte.**

A 

B 

C 

**2 D'après toi, à quel moment de l'année cette histoire se déroule-t-elle ? Explique comment tu le sais.**

**3** Pour deux personnes Ingrédients **Où peux-tu retrouver ces indications ?**

a. dans une recette b. dans une poésie c. dans une consigne d. dans un roman

## Je relis pour mieux comprendre

**4 Explique pourquoi Fouzia est contente (lignes 9-10).**

**5** *Vocabulaire* **Copie la phrase qui a le même sens que :**

« Mais elle a beau tasser, les rollers et les habits de Barbie n'entrent pas. » (l. 19-20)

a. Fouzia a préparé un tas de jouets, mais les rollers et les habits de Barbie n'y sont pas.

b. Malgré les efforts de Fouzia, les rollers et les habits de Barbie n'entrent pas dans le cartable.

c. Fouzia a un cartable avec un dessin représentant des rollers et Barbie.

### Échangeons

**6 D'après vous, pourquoi Fouzia retire-t-elle de son cartable les cahiers, le livre de mathématiques, la trousse, le classeur et la règle ?**

## Ai-je bien compris le texte ?

**7 Explique pourquoi Fouzia pense qu'elle ne peut pas aller à l'école.**

## Je lis de manière expressive

**Choisis le ton qui convient en imaginant que tu es Fouzia.**

– Lola, il faut que tu viennes jouer chez moi. Je ne peux pas aller à l'école aujourd'hui. Mon cartable est trop petit.

# Pleurs de cocker

Roba, *Boule & Bill*, tome 1, « Tel Boule, tel Bill », Studio Boule & Bill, 2016.

## Ma première lecture

**1** **De quel livre cette planche est-elle extraite ?**

A

B

C

**2** **Explique à quel moment de la journée cette histoire se déroule.**

**3** **Complète les phrases avec la bonne proposition :** Bill  Pouf  Boule

a. Le maitre du chien se nomme…

b. Le chien s'appelle…

c. Le copain de classe est…

## Je relis pour mieux comprendre

**4** **Pourquoi le chien pleure-t-il à la vignette 2 ?**

**5** **Explique ce qui se passe dans la vignette 7.**

**6** **Vocabulaire** « Pouf !… Tu tombes à pic ! » (vignette 6)

**Remplace l'expression en violet par une expression qui veut dire la même chose. Pourquoi Boule prononce-t-il cette phrase ?**

### Échangeons

**7** **Pourquoi l'enfant dit-il dans la dernière vignette « Ça marche ! » ?**

## Ai-je bien compris le texte ?

**8** **Observe bien la dernière vignette. Écris une phrase pour raconter ce que le chien va faire après être arrivé à l'école.**

## Je lis à voix haute sans hésiter

**Le vert te permet de repérer ce que tu as déjà lu.**
**Repère les signes de ponctuation.**

- Allons, Bill, allons !
- Allons, Bill, allons ! Tu sais bien que tu ne peux pas venir.
- Allons, Bill, allons ! Tu sais bien que tu ne peux pas venir à l'école avec moi !

# Automne

Odeur des pluies de mon enfance
Derniers soleils de la saison !
À sept ans comme il faisait bon,
Après d'ennuyeuses vacances,
Se retrouver à la maison !

La vieille classe de mon père,
Pleine de guêpes écrasées
Sentait l'encre, le bois, la craie
Et ces merveilleuses poussières
Amassées par tout un été.

Ô temps charmant des brumes douces,
Des gibiers, des longs vols d'oiseaux,
Le vent souffle sous le préau,
Mais je tiens entre paume et pouce
Une rouge **pomme à couteau**[1].

René-Guy Cadou, « Automne » dans *Poésie, la vie entière*, © Éditions Seghers, Paris, 2001.

**Vocabulaire**

**1. Pomme à couteau :** pomme à croquer.

# Mon cartable

Mon cartable a mille odeurs,
mon cartable sent la pomme,
le livre, l'encre, la gomme
et les crayons de couleurs.

Mon cartable sent l'orange,
le bison et le nougat,
il sent tout ce que l'on mange
Et ce qu'on ne mange pas.

La figue et la mandarine,
le papier d'argent ou d'or,
et la coquille marine,
les bateaux sortant du port.

Les cow-boys et les noisettes,
La craie et le caramel,
les confettis de la fête,
les billes remplies de ciel.

Les longs cheveux de ma mère
et les joues de mon papa,
les matins dans la lumière,
la rose et le chocolat.

Pierre Gamarra – Droits réservés.

## Ma première lecture

**1** **Relève les indices qui te permettent de dire que ces textes sont des poèmes.**

**2** **Qui parle dans chaque poème ? Explique ton choix.**

un enfant | le poète | le père | la mère

## Je relis pour mieux comprendre

**3** Vocabulaire **Relève dans les deux poèmes les mots qui sont liés au thème de l'école. Comment peux-tu classer ces mots ? Explique ton choix.**

**4** **Que désigne le mot « maison » dans le poème *Automne* (vers 5) ? Explique comment tu le sais.**

**5** « ennuyeuses vacances » (*Automne*, vers 4) **: explique pourquoi cette expression est étonnante.**

**6** **Dans le poème *Mon cartable*, classe les odeurs en deux groupes :**

- les odeurs de « ce que l'on mange » (vers 7) ;
- les odeurs de « ce qu'on ne mange pas » (vers 8).

**7** **Dans le poème *Automne*, relève les expressions liées à des odeurs.**

**8** **Quelles odeurs te paraissent surprenantes dans ces poèmes ? Pourquoi ?**

### Échangeons

**9** **Pourquoi les auteurs parlent-ils de ces odeurs dans leurs poèmes ?**

## Ai-je bien compris les textes ?

**10** **Rédige un texte de quatre lignes qui résume les points communs entre ces deux poèmes.**

## Je lis de manière expressive

**Choisis quatre camarades. Répartissez-vous les vers du poème *Mon cartable* pour en faire une lecture expressive.**

# Raconter une planche de bande dessinée

## J'observe la bande dessinée

Pierre Bailly, Céline Fraipont, *Petit Poilu*, tome 1, « La Sirène gourmande », © DUPUIS, 2016.

## Échangeons sur la bande dessinée

1. Qui est Petit Poilu ?
2. Quels verbes choisiriez-vous pour parler des actions de Petit Poilu ?
3. D'après vous, qui est l'autre personnage ?
4. Relevez les indices qui montrent à quel moment l'histoire se passe.
5. Faites la liste des lieux dans lesquels Petit Poilu se trouve, en respectant l'ordre chronologique des actions.

## Maintenant j'écris

**Rédige ton texte en quatre paragraphes.**

- Commence ton texte par : « Petit Poilu est… ».
- Raconte en deux phrases ce qui se passe dans les vignettes 1 et 2.
- Écris ensuite ce que Petit Poilu fait dans les vignettes 3 et 4.
- Termine ton texte par deux phrases qui indiquent ce qui se passe dans les vignettes 5 et 6.

Aide-toi de ta BOITE À MOTS

## Je relis mon texte pour l'améliorer

- [x] J'utilise la Boite à mots pour bien orthographier les verbes d'action.
- [x] Je vérifie la terminaison des verbes.
- [x] Je réécris les phrases qui ne me semblent pas assez précises.

## BOITE À MOTS

**Pour décrire le décor**
- le réveil
- une tartine
- la confiture
- un verre
- du lait
- le cartable

**Pour raconter les actions de Petit Poilu**
- bondir
- se préparer
- avaler
- embrasser
- s'habiller
- dévorer

**Pour relier tes idées**
- soudain
- alors
- tout à coup
- ensuite
- plus tard
- d'abord

## EXPRESSION ORALE

Interdisciplinarité

## Étape 1 Observons le document pour le comprendre

1. Repérez sur cette affiche les mots qui désignent les familles d'aliments.
2. Faites la liste des aliments appartenant à chaque famille.
   Vous pouvez la compléter avec d'autres aliments que vous connaissez.
3. Retrouvez ces vignettes sur l'affiche. Expliquez ce que chaque vignette veut dire.

   a. *au moins 5 par jour*   b. *1 à 2 fois par jour*   c. EAU *à volonté*

4. Retrouvez sur cette affiche les aliments dont il faut se méfier pour rester en bonne santé. Expliquez comment vous le savez.
5. MANGER, BOUGER, C'EST LA SANTÉ D'après vous, que veut dire le verbe *bouger* dans cette phrase ? Repérez sur l'affiche ce qui vous permet de le comprendre.

## Étape 2 J'explique comment bien manger

Aide-toi de ta BOITE À MOTS

- Commence par expliquer quelles familles d'aliments il faut manger à chaque repas.
- Précise qu'il y a des aliments dont il faut se méfier et cite-les.
- Explique ensuite le sens du mot « bouger » en t'aidant des illustrations de l'affiche.
- En conclusion, indique le rôle de cette affiche.

### Pense à...

- ✦ utiliser les mots de l'affiche en les expliquant.
- ✦ organiser les informations en respectant l'ordre de l'étape 2.

### BOITE À MOTS

**Pour parler des aliments**
- féculents
- sel
- laitage
- quantité
- sucreries

**Pour parler de la santé**
- marcher
- courir
- faire du vélo
- faire attention
- chaque jour

**Pour relier tes idées**
- parce que
- donc
- à cause de
- tout d'abord
- alors

# Chez monsieur Caliban

*Sidonie vient d'emménager dans un appartement dans lequel il se passe des choses étranges : des tablettes de chocolat arrivent par la cheminée, sans explication.*

Un peu avant minuit, Luc rejoint Sidonie au dernier étage de l'immeuble, devant la porte de monsieur Caliban.

– Et s'il dormait ? demande Luc.

– Non, non, j'ai vu la lumière d'en bas.

Sidonie frappe à la porte qui s'ouvre presque aussitôt sur un vieux monsieur barbu, à l'air très doux.

– Bonsoir les enfants ! Il est un peu tard pour une visite, mais entrez donc.

La première pièce de l'appartement est pleine de récipients en cuivre et de **fourneaux**[1] : on dirait une petite usine. Une délicieuse odeur flotte dans l'air.

– Un peu de chocolat les enfants ?

Et monsieur Caliban ouvre un **cagibi**[2] plein à ras bord de tablettes de Déliciel !

– J'avais raison ! s'écrie Sidonie. C'est vous qui fabriquez le Déliciel, monsieur…

– Caliban, je suis Jérôme Caliban, grand maître chocolatier… Alors, comment vous le trouvez mon chocolat ?

Les yeux brillants, il se penche vers les enfants qui savourent leurs tablettes.

– J'ai découvert la recette du plus merveilleux chocolat de tous les temps. Moi, hélas, je n'en mange pas, j'y suis allergique. Mais je veux au moins en faire profiter tous mes voisins : voilà pourquoi j'envoie chaque jour une quinzaine de tablettes par les conduits de cheminée !

Sidonie dit d'un ton grave :

– Monsieur Caliban, savez-vous qu'il y a des espions en dessous de chez vous ? Ils veulent vous voler le secret du Déliciel !

Jean Alessandrini, *Mystère et chocolat*, © Bayard Éditions.

**Vocabulaire**

**1. Fourneaux :** *appareils qui servent à faire cuire les aliments.*

**2. Cagibi :** *petite pièce sans fenêtre.*

## Ma première lecture

**1** L'action se déroule :

dans une rue — dans une maison — dans un immeuble

Explique comment tu le sais.

**2** Quand cette scène se déroule-t-elle ?

**3** Fais la liste des personnages présents dans cet extrait.

## Je relis pour mieux comprendre

**4** Sidonie frappe à la porte. Choisis le dessin qui convient le mieux pour illustrer la suite.

**5** Qu'est-ce que le Déliciel ?

a. un prénom  b. un magasin  c. le nom du chocolat

**6** Vocabulaire Explique avec tes mots ce que signifie l'expression *grand maître chocolatier* (ligne 18).

**7** Dans quel livre pourrais-tu trouver cet extrait ? Justifie ta réponse.

a. un documentaire  b. un roman policier  c. un journal  d. un conte

### Échangeons

**8** D'après vous, pourquoi Luc et Sidonie vont-ils frapper à la porte de monsieur Caliban ?

## Ai-je bien compris le texte ?

**9** Explique en deux phrases pourquoi monsieur Caliban est espionné.

## Je lis à voix haute sans hésiter

**Le vert te permet de repérer ce que tu as déjà lu.**

- Un peu avant minuit, Luc rejoint Sidonie.
- Un peu avant minuit, Luc rejoint Sidonie au dernier étage de l'immeuble.
- Un peu avant minuit, Luc rejoint Sidonie au dernier étage de l'immeuble, devant la porte de monsieur Caliban.

# Comestible ou vénéneuse ?

*Mystère a été abandonnée dans la forêt par le roi et la reine, ses parents, parce qu'ils ne supportent pas la couleur de ses cheveux. Elle rencontre un loup.*

– Mais qu'est-ce que cela ? s'écria-t-il de sa vieille voix **chevrotante**[1]. Qui êtes-vous, petite fille aux cheveux bleus ?

– Je suis Mystère, répondit-elle, et je suis vénéneuse.

– Oui, c'est ça, mystère et « vénéneuse », répéta le vieux loup, en faisant semblant de comprendre.

– Vous savez ce que veut dire « vénéneuse » ? le questionna la petite fille, d'un ton sévère ?

– Euh, eh bien, c'est... c'est une sorte de...

Le vieux loup, honteux, baissa le nez et avoua :

– Je ne sais plus. Avec l'âge, la mémoire baisse et...

– « Vénéneuse », cela veut dire « poison », expliqua Mystère. Il y a des champignons qu'on peut manger et qui s'appellent « comestibles ». Il y a des champignons qui donnent la colique et qui font mourir ; on les appelle « vénéneux ». Les petites filles, c'est la même chose. Celles qui sont blondes, rousses ou brunes, elles sont comestibles. Celles qui sont bleues, elles sont vénéneuses.

– Oh, mon Dieu ! s'exclama le vieux loup, et moi qui allais vous manger... Merci de m'avoir prévenu, mademoiselle Mystère.

– Vous pouvez me manger si vous avez vraiment faim, dit-elle gentiment.

– Ma foi, non, je n'ai pas beaucoup d'appétit, ces jours-ci.

– Juste un petit bout, juste pour goûter, insista Mystère.

– Non, non, non. Rien du tout !

Et le loup se sauva, en prenant bien garde de ne pas toucher la petite fille vénéneuse, même du bout de la queue. Mystère éclata de rire. Puis elle se coucha sur la mousse et s'endormit.

Marie-Aude Murail, *Mystère*, illustrations de Serge Bloch, © Éditions Gallimard.

**Vocabulaire**

**1. Chevrotante :** qui tremble légèrement.

## Ma première lecture

**1** **Qui est Mystère ? Explique comment tu le sais.**

**2** **Relève les mots qui te donnent des renseignements sur le loup.**

## Je relis pour mieux comprendre

**3** Qui prononce chacune de ces phrases ?

– Mais qu'est-ce que cela ?

– Vous savez ce que veut dire « vénéneuse » ?

– Je ne sais plus. Avec l'âge, la mémoire baisse et…

– Non, non, non. Rien du tout !

**4** *Vocabulaire* **Relève dans le texte ce qui est comestible et ce qui est vénéneux. Tu peux compléter ces deux listes avec des exemples de ton choix.**

**5** « – Ma foi, non, je n'ai pas beaucoup d'appétit, ces jours-ci. » (ligne 21)

**Explique pourquoi le loup dit qu'il n'a pas beaucoup d'appétit.**

### Échangeons

**6** « Mystère éclata de rire. » (ligne 25)

**D'après vous, pourquoi la petite fille se met-elle à rire ?**

## Ai-je bien compris le texte ?

**7** **Écris deux phrases pour exprimer ce que pense Mystère lorsque le loup arrive.**

## Je lis de manière expressive

**Prépare la lecture à voix haute des lignes 1 à 5. Repère bien la ponctuation pour choisir le ton qui convient.**

# Lassi chocolat aux trois parfums

**Ingrédients :**
75 cl de lait entier • 4 yaourts brassés nature • 6 cuillères à soupe de cacao en poudre non sucré • 50 g de sucre en poudre • du sirop d'érable • du miel liquide • 20 cl de lait de coco.

**Nombre de personnes :** 4

**Préparation :** 10 min (cuisson comprise)

**Cuisson :** 7 min

**Le lassi est une boisson à base de yaourt. En voici une version qui fait le tour du monde en trois saveurs.**

**1** Je prépare d'abord un bon chocolat. Pour cela, je fais chauffer le lait dans une grande casserole. Lorsqu'il est tiède, j'en prélève quelques cuillères pour dissoudre le cacao en poudre. Je verse le cacao délayé dans le lait qui chauffe et j'ajoute le sucre en poudre. Je laisse mijoter 5 min, à feu très doux.

**2** Lorsque le chocolat est froid, j'y incorpore, un à un, les yaourts brassés. Voilà prête la base de mon lassi. Je le répartis dans 3 récipients différents pour diversifier les parfums. Dans le premier, j'ajoute 3 cuillères à soupe de sirop d'érable ; dans le deuxième, 3 cuillères à soupe de miel liquide ; et dans le dernier, le lait de coco.

**3** Je sers à chacun 3 petits verres et le jeu consiste, bien sûr, à identifier les parfums de cette délicieuse boisson qui change des desserts de supermarché.

Alain Serres, *Une cuisine tout en chocolat*, © Rue du Monde, 2006.

## Ma première lecture

**1** **Ce texte est :**

une recette de cuisine | une histoire | un mode d'emploi | une règle de jeu

**Explique comment tu le sais.**

**2** **Quelle partie du texte vas-tu lire pour acheter ce qui est nécessaire à la réalisation du lassi ?**

**3** **Comment appelle-t-on les objets que l'on va utiliser ?**

a. des outils b. de la vaisselle c. des ustensiles d. des couverts

## Je relis pour mieux comprendre

**4** Vocabulaire **Retrouve la phrase qui explique ce qu'est *un lassi*.**

**5** **Note les actions réalisées dans l'étape 1. Écris les verbes à l'infinitif.**

**6** **Remets les étapes dans le bon ordre. Pour t'aider, tu peux utiliser les mots *d'abord*, *ensuite*, *puis*, *après* et *enfin*.**

J'incorpore les yaourts. | Je prépare le chocolat. | Je sers mes invités.

Je répartis la boisson dans 3 récipients. | J'ajoute un parfum dans chaque récipient.

### Échangeons

**7** **Parmi les ustensiles suivants, quels sont ceux dont vous n'aurez pas besoin pour préparer le lassi ? Expliquez comment vous le savez.**

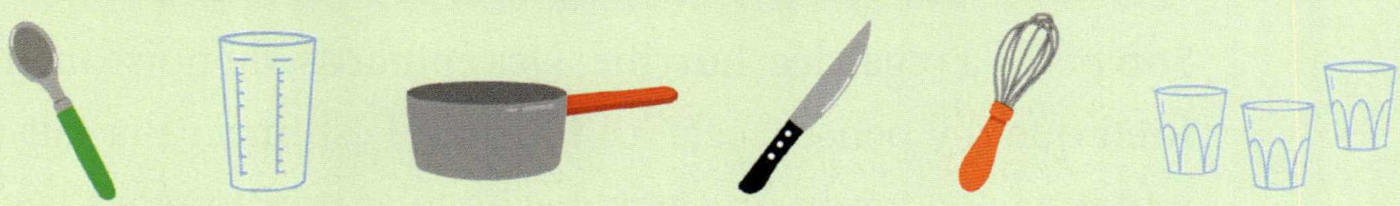

## Ai-je bien compris le texte ?

**8** **Écris la liste des ustensiles nécessaires à la réalisation du lassi chocolat.**

## Je lis à voix haute sans hésiter

**Le vert te permet de repérer ce que tu as déjà lu.**

- Dans le premier, j'ajoute 3 cuillères à soupe de sirop d'érable.
- Dans le premier, j'ajoute 3 cuillères à soupe de sirop d'érable ; dans le deuxième, 3 cuillères à soupe de miel liquide.

# Non, pas de chocolat !

Un dimanche matin, à midi, Amanda a dit non. Plus exactement, elle a dit :

– Non, Papa, je ne veux pas de chocolat.

Pourtant, elle avait le choix. Son père avait préparé un assortiment alléchant : chocolat noir, blanc, lait et noisettes, fourré à la pâte d'amandes, bouchées pralinées, truffes à la cannelle…

– Mais alors, qu'est-ce que tu vas manger ? a demandé, étonné, le papa d'Amanda.

– Des épinards, des choux de Bruxelles, des haricots verts, du rôti, du poisson, a répondu Amanda. Et du fromage : du roquefort, du camembert ou du munster qui pue !

Son père l'a regardée, horrifié. Des épinards, du poisson, du munster… Rien que d'y penser, cela lui tournait l'estomac. Il a fait une dernière tentative. Il a tendu un carré de chocolat noir fourré à la crème fraîche et à la menthe.

– S'il te plaît, Amanda, goûte celui-là, a-t-il supplié. Je l'ai créé exprès pour toi. Il s'appellera le « carré Amanda ».

– Non et non ! s'est écriée Amanda. J'ai dit non ! Et c'est non, nom de nom ! J'en ai assez de tes chocolats. Je veux des carottes, de la viande saignante et des rognons !

Sans laisser le temps à son père de répliquer, Amanda s'est levée et a quitté la salle à manger. Son père est resté accoudé à la table, les larmes aux yeux. Amanda, son Amanda, refusait ses chocolats ! Autant dire qu'elle le refusait, qu'elle le rejetait, lui, Nicolas Fève, maître chocolatier.

Bernard Friot, *Amanda chocolat*, © Éditions Milan.

## Ma première lecture

**1** **Quel est le métier du papa d'Amanda ?**

a. cuisinier b. pâtissier c. chocolatier

**2** **Qui est Nicolas Fève ?**

a. l'auteur b. un personnage de l'histoire c. l'illustrateur d. le père d'Amanda

**3** **Que mange Amanda habituellement ?**

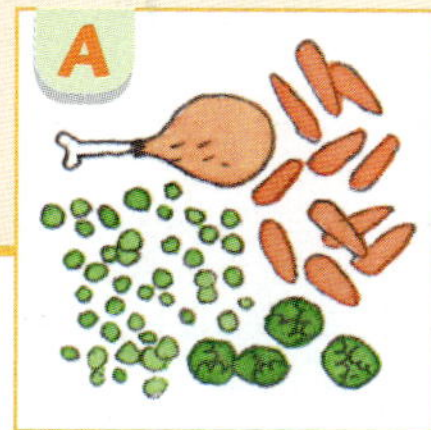

## Je relis pour mieux comprendre

**4** « Amanda a dit non. » (lignes 1-2) **Choisis une phrase qui explique pourquoi.**

a. Amanda a dit non parce qu'elle ne veut pas manger.

b. Amanda a dit non parce ce qu'elle n'a pas faim.

c. Amanda a dit non parce qu'elle en a assez de manger du chocolat.

**5** **Vocabulaire** **Explique avec tes mots ce qu'est** ***un assortiment alléchant*** **(ligne 5).**

**6** « Son père l'a regardée, horrifié. » (ligne 12)

**Donne un mot de la même famille que le mot** ***horrifié*****. En t'aidant du texte, explique pourquoi le papa d'Amanda est horrifié.**

**7** **Vocabulaire** **Quel mot reconnais-tu dans le mot** ***accoudé*** **(ligne 22) ?**

### Échangeons

**8** **Pour vous, ce texte est :**

effrayant surprenant amusant triste

**Expliquez pourquoi.**

## Ai-je bien compris le texte ?

**9** **Écris trois phrases qui racontent ce qui se passe dans cet extrait.**

## Je lis de manière expressive

**Prépare la lecture à voix haute des lignes 7 à 11. Repère bien les signes de ponctuation pour choisir le ton qui convient.**

# Les fèves de cacao

## Les fèves de cacao

C'est à la plantation de cacaoyers que les ouvriers préparent les fèves. Ils y passent beaucoup de temps : plus les fèves sont bien préparées, plus elles sont de qualité !

Pour attraper les cabosses, les ouvriers utilisent une perche munie d'une lame tranchante.

12

1 Tout d'abord, les ouvriers récoltent les fruits du cacaoyer, les **cabosses**.

2 Dans les heures qui suivent la cueillette, ils brisent la coque des cabosses* à l'aide d'une machette.

* C'est l'**écabossage**.

Les ouvriers retirent délicatement de l'écorce les **fèves** et la pulpe blanche et sucrée qui les entoure, le **mucillage**.

Peu à peu, le sucre du mucillage se transforme en alcool, puis l'alcool en vinaigre*. Les fèves sont alors de plus en plus foncées.

Les ouvriers étalent les fèves au soleil pour les faire sécher pendant dix jours.

Enfin, les fèves sont mises dans des sacs de toile. Elles seront bientôt transformées en pâte de cacao.

13

* C'est la **fermentation**.

Karine Harel, *D'où vient le chocolat de ma tablette ?*, coll. « Exploradoc », illustré par Didier Balicevic, © 2010 Tourbillon et © Kaoka.

## Ma première lecture

**1** **Dans quel livre vas-tu trouver le texte pages 50-51 ? Explique comment tu le sais.**

A

B

C

**2** **Les numéros écrits dans des ronds orange indiquent :**

a. la page à laquelle tu trouveras le renseignement recherché.

b. l'ordre des étapes pour bien préparer les fèves de cacao.

c. le numéro des paragraphes.

## Je relis pour mieux comprendre

**3** **Vocabulaire** **Retrouve la définition de chacun des mots suivants :**

cabosse mucillage fermentation

a. Transformation du sucre en vinaigre.

b. Fruit du cacaoyer.

c. Pulpe blanche et sucrée qui entoure les fèves de cacao.

**4** **Remets dans l'ordre les étapes de préparation des fèves de cacao.**

- Faire sécher les fèves au soleil.
- Laisser les fèves fermenter.
- Récolter les cabosses.
- Séparer les fèves des cabosses.

**5** **Combien de fois par an récolte-t-on les cabosses ? Explique où tu as trouvé ce renseignement.**

### Échangeons

**6** **Quel est le rôle des photos ? Quel est le rôle des dessins ?**

## Ai-je bien compris le texte ?

**7** **Explique ce que tu trouves surprenant dans la préparation des fèves de cacao.**

## Je lis à voix haute sans hésiter

**Choisis un paragraphe que tu vas lire à voix haute. Repère la ponctuation et les mots que tu sais déjà lire.**

# Hänsel et Gretel (partie 1)

Texte intégral en 2 parties

Il y a très longtemps vivaient un bûcheron, sa femme et leurs deux enfants, Hänsel et Gretel. Cette famille était si pauvre qu'un jour le pain vint à manquer. Alors les parents ne virent pas d'autre solution que d'abandonner leurs enfants dans la forêt dès la nuit tombée.

Seuls dans le noir, les enfants furent effrayés. Ils marchèrent sans s'arrêter pour retrouver leur chemin. Ils commençaient à être fatigués lorsqu'une lumière les guida vers une **chaumière**[1].

C'était une maison extraordinaire : tout en sucre et pain d'épice, un vrai délice ! Affamé, Hänsel goûta une tuile du toit.

**Vocabulaire**

**1. Chaumière :** *maisonnette à toit de chaume (paille).*

Il sursauta quand une voix chuchota :
– Quel glouton mange ma maison ?
– C'est le vent ! chantèrent les enfants.
Gretel mordit un bout de volet.
– Quel gourmet vient me grignoter ?
– C'est le vent ! chantèrent les enfants.
Tout à coup, une vieille femme apparut et leur dit :
– Entrez, mes petits, vous serez mieux dedans !
Ravis, les enfants l'écoutèrent…
Hélas, la femme était une sorcière !
Elle enferma Hänsel dans une étable et ordonna à Gretel :
– Cuisine-nous quelque chose de bon, que ton frère engraisse comme un cochon ! Quand il sera assez gras, j'en ferai mon repas !
La pauvre Gretel passait ses journées à cuisiner, tandis que son frère restait enfermé.
Chaque matin, la sorcière venait le voir et disait :
– Tends un doigt, que je tâte s'il est assez gras.
Mais, à la place de son doigt, Hänsel, rusé, lui tendait un bout de bois.

*Hänsel et Gretel*, collection « Mes p'tits contes »,
texte intégral des frères Grimm adapté par Emmanuelle Cabrol, © Éditions Milan.

## Ma première lecture

**1** **Fais la liste des personnages présents dans ce conte.**

**2** **Vrai ou faux ? Explique comment tu le sais.**

a. Hänsel est un garçon. b. Gretel est le frère d'Hänsel.

## Je relis pour mieux comprendre

**3** **Choisis la phrase qui correspond au texte.**

a. Les parents d'Hänsel et Gretel les abandonnent car leur maison est trop petite.

b. Les parents d'Hänsel et Gretel les abandonnent car ils ne peuvent plus les nourrir.

c. Le père d'Hänsel et Gretel les abandonne car leur mère est morte.

**4** **D'après toi, qui prononce cette phrase ?**

« – Quel gourmet vient me grignoter ? » (ligne 14)

**5** **Écris ce que la vieille femme pense quand elle découvre les deux enfants (ligne 16).**

**6** **Vocabulaire** **Dans le texte, trouve deux mots que tu pourrais remplacer par le mot *gourmand*.**

**7** **Explique pourquoi la vieille femme demande à Gretel de faire la cuisine.**

### Échangeons

**8** **D'après vous, pourquoi Hänsel remplace-t-il son doigt par un bout de bois ?**

## Ai-je bien compris le texte ?

**9** **Rédige un court texte qui explique pourquoi les enfants sont en danger.**

## Je lis de manière expressive

**Prépare la lecture à voix haute du premier paragraphe de la page 53. Repère les mots que tu connais déjà.**

# Hänsel et Gretel (partie 2)

La sorcière n'y voyait pas bien et, chaque fois, elle trouvait Hänsel encore trop maigrelet pour être mangé.

Un jour, pourtant, elle s'impatienta et dit à Gretel :

– Tant pis si ton frère ne grossit pas, ce soir j'en fais mon repas !

Entre dans le four et dis-moi s'il est assez chaud.

– Comment entre-t-on là-dedans ? demanda Gretel innocemment.

– Par là, regarde ! répondit la sorcière en passant la tête.

Aussitôt Gretel lui donna un coup de pied dans le derrière et la sorcière tomba dans le four !

Vite, Gretel ferma la porte à double tour. La sorcière eut beau hurler, Gretel avait déjà détalé.

Elle libéra son frère, et, fous de joie, les enfants s'embrassèrent.

Puis ils fouillèrent la maison et trouvèrent un coffre plein de diamants.

Ils en remplirent leurs poches avant de chercher à rentrer chez eux.

Enfin, ils reconnurent de loin la route menant à leur maison.

Ils y retrouvèrent leurs parents, qui pleuraient de les avoir abandonnés.

Alors Gretel secoua son tablier, et les diamants roulèrent sur le parquet.

Désormais, plus jamais le pain ne viendrait à manquer.

*Hänsel et Gretel*, collection « Mes p'tits contes », texte intégral des frères Grimm adapté par Emmanuelle Cabrol, © Éditions Milan.

## Ma première lecture

**1 Vrai ou faux ? Rappelle ce qui s'est passé dans la première partie du conte.**

a. Hänsel et Gretel ont été abandonnés par leurs parents.

b. La sorcière veut manger Hänsel.

c. Gretel doit cuisiner pour faire grossir sa sœur.

## Je relis pour mieux comprendre

**2 Pourquoi la sorcière demande-t-elle à Gretel d'aller voir si le four est assez chaud ?**

**3 Vocabulaire** « Gretel avait déjà détalé. » (ligne 14)

**Cette phrase signifie que :**

a. Gretel était tombée. b. Gretel s'était enfuie. c. Gretel était évanouie.

**4 Choisis le ou les adjectifs qui conviennent le mieux pour parler de Gretel. Explique ton choix en relevant des indices dans le texte.**

peureuse | obéissante | courageuse | triste | intelligente | impatiente

**5 Choisis l'illustration qui représente ce qui se passe entre ces deux phrases :**

« Elle libéra son frère, et, fous de joie, les enfants s'embrassèrent. » (ligne 15)

« Enfin, ils reconnurent de loin la route menant à leur maison. » (ligne 18)

A

B

C

### Échangeons

**6 À quel autre conte l'histoire d'Hänsel et Gretel ressemble-t-elle ?**

Jacques et le haricot magique | Blanche-Neige | Le Petit Poucet

## Ai-je bien compris le texte ?

**7 Écris ce qui a changé pour les deux enfants entre le début et la fin de l'histoire.**

## Je lis de manière expressive

**Prépare la lecture à voix haute des lignes 10 à 14. Repère les signes de ponctuation.**

# Décrire un tableau

## J'observe le tableau

Interdisciplinarité

Johannes Vermeer est un peintre hollandais qui a vécu il y a 350 ans. Il aimait représenter des scènes de la vie de tous les jours, se déroulant dans des pièces fermées.
Dans ses tableaux, la lumière entre souvent dans la pièce par une fenêtre située à gauche.

Johannes Vermeer, *La Laitière* (1658), huile sur toile (45,5 x 40,6 cm).

## Échangeons sur le tableau

**1 Observez attentivement le tableau pour décrire de manière précise :**

– le personnage : ses vêtements et ses gestes ;
– le décor : la pièce et les objets que vous voyez ;
– les couleurs de la pièce, des vêtements de la femme, des objets.

**2 Choisissez les mots qui expriment l'atmosphère qui se dégage de ce tableau. Expliquez vos choix.**

le calme • l'inquiétude • la tristesse • la tranquillité

## Maintenant j'écris

**Rédige ton texte en trois paragraphes.**

- Décris en trois ou quatre phrases le personnage de la laitière.
- Rédige ensuite trois phrases pour décrire le décor, sans oublier de parler des couleurs utilisées.
- Termine enfin par deux phrases qui donneront tes impressions sur ce tableau.

Aide-toi de ta BOITE À MOTS

## Je relis mon texte pour l'améliorer

- [x] Je vérifie la ponctuation de mes phrases.
- [x] J'accorde les noms et les adjectifs.
- [x] J'utilise la Boite à mots pour bien orthographier les noms.

## BOITE À MOTS

**Pour décrire la laitière**
- un tablier
- une coiffe
- verser
- remplir
- attentive
- calme
- appliquée

**Pour décrire le décor**
- une corbeille
- du lait
- un pot
- une nappe
- la fenêtre
- la lumière
- une table

**Pour donner tes impressions**
- J'apprécie ce tableau parce que…
- Je n'aime pas ce tableau parce que…
- Ce tableau me fait penser à…

# 4 Les étoiles et la nuit

## EXPRESSION ORALE

Interdisciplinarité

## Étape 1 Observons les photographies pour les comprendre

1. **Comparez ces étoiles de mer.**
   – Quels sont leurs points communs ?
   – Quelles sont leurs différences ?

2. **Cherchez des informations sur les étoiles de mer dans votre dictionnaire et dans un documentaire. Notez ce qui vous parait important sur votre cahier de brouillon.**

3. **D'après vous, pourquoi ces animaux s'appellent-ils des « étoiles de mer » ?**

## Étape 2 Je décris un animal étonnant

Aide-toi de ta BOITE À MOTS

- **Choisis l'étoile de mer qui t'étonne le plus.**
- **Fais la liste des informations que tu souhaites donner sur cette étoile de mer.**
- **Commence par ce qui te surprend le plus dans cet animal.**
- **Donne ensuite des précisions sur son apparence.**

### Pense à…

- réfléchir à l'ordre dans lequel tu vas donner les informations.
- utiliser des mots précis.
- faire des phrases courtes et bien construites.

### BOITE À MOTS

**Pour présenter l'étoile de mer**
- C'est un animal marin qui…
- Son corps est composé de…
- Elle ressemble à…
- Ses bras sont…

**Pour décrire l'étoile de mer**
- opaque
- translucide
- granuleuse
- clair
- foncé
- bicolore
- tacheté

**Pour donner tes impressions**
- étonnante
- surprenante
- Ce qui me plait le plus, c'est…
- Ce qui m'étonne le plus, c'est…

# L'étoile filante

– Trente-sept…, trente-huit…, trente-neuf…, compte Carméla. Vite ! Vite ! Je vois les dents du renard luire dans l'obscurité. Trente-neuf ?… Mais il en manque un, et c'est le mien ! Où es-tu mon poussin ? Rentre vite ou tu vas te faire croquer !

– Même pas peur ! répond Carmélito qui regarde, émerveillé, le ciel scintiller dans la nuit.

– Nom d'une plume, s'écrie-t-il soudain : une étoile filante !

Depuis qu'il est sorti de son œuf, Carmélito rêve d'approcher les étoiles !

Et voilà qu'une de ces merveilles file derrière le petit bois…

– J'arrive, ma belle ! s'exclame-t-il en s'élançant vers les arbres.

Son rêve est là, immobile sur le sable. C'est trop de bonheur pour un petit cœur de poulet !

« Pauvre étoile ! Elle semble épuisée par le voyage », se dit le poussin en la ramassant délicatement. Il s'écrie alors, étonné :

– Bizarre ! C'est tout mou et ça sent le poisson…

Christian Jolibois et Christian Heinrich,
*Un poulailler dans les étoiles*,
© Pocket Jeunesse,
un département d'Univers Poche, 2002.

## Ma première lecture

**1** **À quel moment de la journée cette scène se déroule-t-elle ? Explique comment tu le sais.**

**2** **Qui est Carméla ?**

la mère de Carmélito | la sœur de Carmélito | la nourrice de Carmélito

## Je relis pour mieux comprendre

**3** « – Trente-sept…, trente-huit…, trente-neuf…, compte Carméla. » (ligne 1)

**Que compte Carméla ?**

a. les moutons
b. les étoiles dans le ciel
c. des poussins
d. les dents du renard

**4** « Je vois les dents du renard luire dans l'obscurité. » (ligne 2)

**D'après toi, pourquoi Carméla dit-elle cela ?**

**5** **Relève la phrase qui explique quel est le rêve de Carmélito.**

**6** **À qui Carmélito parle-t-il quand il dit :** « – J'arrive, ma belle ! » (ligne 11)

à sa mère | à l'étoile filante | à son rêve

### Échangeons

**7** « – Bizarre ! C'est tout mou et ça sent le poisson… » (lignes 21-22)

**Pourquoi Carmélito dit-il cela ?**

## Ai-je bien compris le texte ?

**8** **Carmélito rejoint sa mère et lui raconte ce qui vient de lui arriver. Écris ce qu'il va lui expliquer.**

## Je lis de manière expressive

**Repère les signes de ponctuation pour exprimer le sentiment de Carméla.**

– Trente-sept…, trente-huit…, trente-neuf…, compte Carméla. Vite ! Vite ! Je vois les dents du renard luire dans l'obscurité. Trente-neuf ?… Mais il en manque un, et c'est le mien ! Où es-tu mon poussin ? Rentre vite ou tu vas te faire croquer !

# Les étoiles

Par une belle nuit d'été sans Lune, on peut voir plus de deux mille étoiles scintiller dans le ciel.

Si on ne voit d'elles qu'un petit point lumineux, c'est parce qu'elles sont très très lointaines, beaucoup plus lointaines que le Soleil.

Certaines étoiles ont l'air de dessiner des formes dans le ciel. On les appelle des **constellations**.

Les premiers savants qui les ont repérées leur ont donné des noms pour les identifier : la Grande Ourse, le Taureau, le Sagittaire, etc.

Constellation de la Grande Ourse.

Un trait de lumière traverse le ciel étoilé : c'est une **étoile filante**. En réalité, ce n'est pas du tout une étoile, mais la trace laissée par un morceau de roche qui vient de l'espace et brûle en entrant dans l'atmosphère.

Les étoiles qui brillent la nuit ne disparaissent pas du ciel dans la journée. Mais la lumière du Soleil est trop forte pour que tu puisses les voir.

*Ma première Encyclopédie Larousse 4-7 ans*, © Larousse.

## Ma première lecture

**1** **Dans quel livre pourrais-tu trouver cet extrait ? Explique comment tu le sais.**

A 

B 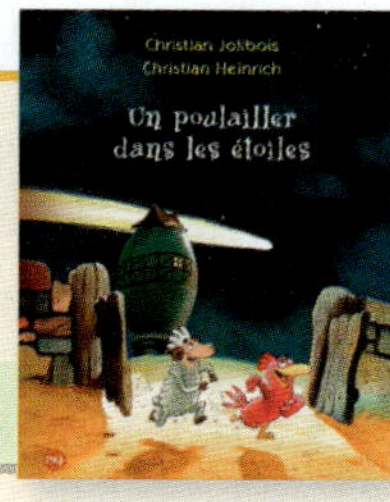


C 

**2** **Les photos présentes sur la page de gauche servent à :**

décorer la page. t'aider à comprendre. représenter un moment de l'histoire.

## Je relis pour mieux comprendre

**3** **Vocabulaire** **Retrouve la définition de chaque expression.**

une constellation une étoile filante

a. Un groupement d'étoiles qui dessine une forme dans le ciel.

b. Une boule de gaz brulant.

c. Un morceau de roche qui brule en traversant l'atmosphère.

**4** **Complète ces phrases.**

a. Les étoiles que l'on voit dans le ciel paraissent plus petites que le Soleil parce que…

b. Dans la journée, on ne voit pas les étoiles dans le ciel parce que…

### Échangeons

**5** **D'après vous, pourquoi dit-on « étoiles filantes » ?**

## Ai-je bien compris le texte ?

**6** **Écris avec tes propres mots l'information qui te semble la plus importante.**

## Je lis à voix haute sans hésiter

**Le vert te permet de repérer ce que tu as déjà lu.**

- On peut voir deux mille étoiles.
- Par une belle nuit d'été, on peut voir deux mille étoiles.
- Par une belle nuit d'été, on peut voir deux mille étoiles scintiller dans le ciel.

# Il ne pleut plus…

**Vocabulaire**

**1. Condors :** grands vautours d'Amérique du Sud.

**2. Paissaient :** broutaient l'herbe.

Loin, très loin d'ici, dans une contrée peuplée de **condors**[1] et de lamas, s'étendait une immense plaine. Et là, dans un petit village, vivait un jeune Indien : Yatiri.

Yatiri aimait les ponchos que sa maman tissait avec la laine de leurs lamas, leur verger débordant de mangues, de goyaves et d'oranges, et la grande prairie où **paissaient**[2] leurs animaux.

Cette année-là, il n'avait pas plu ! Pas un nuage n'avait traversé le ciel, pas une goutte n'était tombée sur la terre. Les arbres ne portaient pas de fruits, les herbes se desséchaient à vue d'œil. Peu à peu, la prairie se transformait en désert !

– La sécheresse est trop grave, annonça le père de Yatiri. Les animaux ne trouvent plus à manger.

– La Fée des Pluies, fille du Génie des Océans, nous a abandonnés ! soupira sa mère.

Il va falloir partir d'ici, nous ne pourrons pas survivre dans un désert !

Partir ? Quitter sa maison, ses chers lamas, ses arbres ?

Yatiri se précipita hors de la maison et regarda le ciel. Des milliers d'étoiles scintillaient comme de petites bougies, et la Lune le regardait, bienveillante.

– Mère Lune, s'il vous plaît, pourriez-vous faire revenir la Fée des Pluies ? demanda Yatiri.

– Je suis désolée, mon enfant, je ne peux pas t'aider, répondit Mère Lune. La Fée des Pluies est amoureuse du Génie des Forêts, et s'en est allée avec lui. Il ne pleuvra plus ici. Plus jamais…

– Mais alors, que pouvons-nous faire ? se lamenta Yatiri.

– Écoute ton cœur, répondit Mère Lune, il te guidera !

La gorge serrée, le petit Indien rentra se coucher.

Danièle Ball-Simon, *Yatiri et la Fée des brumes*,

## Ma première lecture

**1** **Parmi ces personnages, quels sont ceux qui parlent dans cet extrait ?**

la Fée des Pluies • Mère Lune • le père • Yatiri • le Génie des Océans • la mère • le Génie des Forêts

**2** **Relève dans le texte les indices qui te permettent de savoir que cette histoire se déroule au Chili, en Amérique du Sud.**

## Je relis pour mieux comprendre

**3** **Vocabulaire** **À partir de quel mot est formé le mot *sécheresse* (ligne 13) ? Explique avec tes mots ce que veut dire *la sécheresse*.**

**4** **Complète ces deux phrases :**

a. La famille de Yatiri doit quitter la prairie parce que…

b. La Fée des Pluies est partie parce que…

**5** **Vocabulaire** « – Mais alors, que pouvons-nous faire ? **se lamenta** Yatiri. » (l. 28)

**Quel mot n'a pas le même sens que le verbe *se lamenter* ?**

gémir | se plaindre | se désoler | se demander

### Échangeons

**6** « La gorge serrée, le petit Indien rentra se coucher. » (l. 30)

**D'après vous, pourquoi Yatiri a-t-il la gorge serrée ?**

## Ai-je bien compris le texte ?

**7** **Yatiri va parler au Génie des Océans. Écris ce qu'il va lui demander.**

## Je lis à voix haute sans hésiter

**Le vert te permet de repérer ce que tu as déjà lu.**

- Cette année-là, il n'avait pas plu ! Pas un nuage n'avait traversé le ciel.
- Cette année-là, il n'avait pas plu ! Pas un nuage n'avait traversé le ciel, pas une goutte n'était tombée sur la terre.

# Une étrange lumière bleue

*Amma vit avec sa tribu. Une nuit, alors qu'elle est chargée de garder le feu, elle est le témoin d'une scène étrange…*

**Vocabulaire**

**1. Aube :** lever du jour.

**2. Braises :** morceaux de bois brûlés encore rouges.

La lumière descendait lentement. Elle luisait d'un bleu profond. Amma faillit réveiller Arok, mais il dormait si bien ! Et pour l'instant, aucun danger ne menaçait. La lumière se posa sans bruit, là-bas dans la plaine. Elle ressemblait à une étoile tombée du ciel.

Amma resta toute la nuit près du feu à contempler cette belle lumière bleue. À plusieurs reprises, elle crut apercevoir des silhouettes qui bougeaient. Mais la tempête de neige l'aveuglait, et elle n'était sûre de rien. Peu avant l'**aube**[1], la lumière bleue s'éleva dans le ciel et elle disparut parmi les nuages. Amma frissonna comme si elle sortait d'un long rêve. Elle se tourna vers le feu pour se réchauffer. Il était presque éteint. Elle l'avait oublié ! Amma tenta de le ranimer avant que le chef ne se réveille. Trop tard, Arok la surprit en train de souffler sur les **braises**[2].

– Comment ! gronda-t-il. Tu as laissé le feu s'éteindre !

– Ce n'est pas ma faute ! s'écria Amma. J'ai vu une lumière.

Elle lui raconta ce qu'elle avait vu, mais Arok ne l'écoutait pas. Il crut qu'elle s'était endormie et qu'elle avait rêvé. Il l'accusa devant toute la tribu :

– Cette nuit, au lieu de surveiller le feu, Amma s'est endormie ! Croyez-vous qu'elle mérite de rester parmi nous ?

Jean-Marc Ligny, *L'Enfant bleu*,
coll. « Bayard Poche » - J'aime lire © Bayard jeunesse.

## Ma première lecture

**1** Fais la liste des personnages présents dans le texte.

**2** À quel moment de la journée se déroule la scène ? Relève dans le texte les indices qui te permettent de répondre.

**3** D'après toi, à quelle époque se situe cette histoire ? Explique comment tu le sais.

## Je relis pour mieux comprendre

**4** Relève dans le texte les phrases qui décrivent l'arrivée et le départ de la lumière bleue.

**5** Vocabulaire

« Amma resta toute la nuit près du feu à **contempler** cette belle lumière bleue. » (lignes 5-6)

Remplace le verbe *contempler* par un verbe qui a le même sens.

**6** Pourquoi Amma ne doit-elle pas dormir ?

a. Elle surveille le feu.
b. Elle veille sur la tribu.
c. Elle observe les étoiles.
d. Elle monte la garde.

**7** Explique pourquoi Arok veut chasser Amma.

### Échangeons

**8** D'après vous, qu'est-ce que cette lumière bleue ?

## Ai-je bien compris le texte ?

**9** « Elle lui raconta ce qu'elle avait vu, mais Arok ne l'écoutait pas. » (lignes 21-22)

Rédige ce qu'Amma raconte à Arok.

## Je lis à voix haute sans hésiter

Prépare la lecture à voix haute des lignes 9 à 13. Pour cela, copie l'extrait et entoure les mots qui doivent être lus ensemble.

Texte intégral en 2 parties

# Petite Marie compte les étoiles (partie 1)

**Vocabulaire**

**1. Yeux :** *perles de graisse flottant à la surface de la soupe.*

**2. Givre :** *fine couche de glace.*

Petite Marie comptait tout ce qu'elle voyait. Elle ne pouvait pas s'en empêcher, et ça lui plaisait énormément.

Elle comptait les fenêtres des maisons.

Elle comptait les pavés dans la rue… et les marches qui montaient à son appartement.

Petite Marie comptait les **yeux**[1] dans sa soupe au vermicelle et même les pétales des pâquerettes.

Tous les jours, elle comptait ses amis : Odile et Vladimir.

Elle comptait même les pas qu'elle faisait !

Le jour où la chatte mit au monde ses petits, Petite Marie fut ravie. Et elle se mit à les compter.

Elle comptait les wagons des trains, les pinces à linge, les piquets des clôtures.

Petite Marie comptait aussi les fleurs de **givre**[2] sur la vitre, les boutons sur les manteaux des inconnus…

Elle comptait les bateaux dans le port et les bouées dans le bassin.

Petite Marie ne s'arrêtait jamais de compter.

Hubert Schirneck, *Petite Marie compte les étoiles*, traduction d'Isabelle Péhourticq, © Actes Sud, 2004.

## Ma première lecture

**1** Petite Marie est :

une petite fille | une adulte | la sœur d'Odile et Vladimir

Explique comment tu le sais.

**2** Où habite Petite Marie ? Relève dans le texte les indices qui te permettent de répondre.

## Je relis pour mieux comprendre

**3** Retrouve les trois phrases du texte qui sont illustrées par ces dessins :

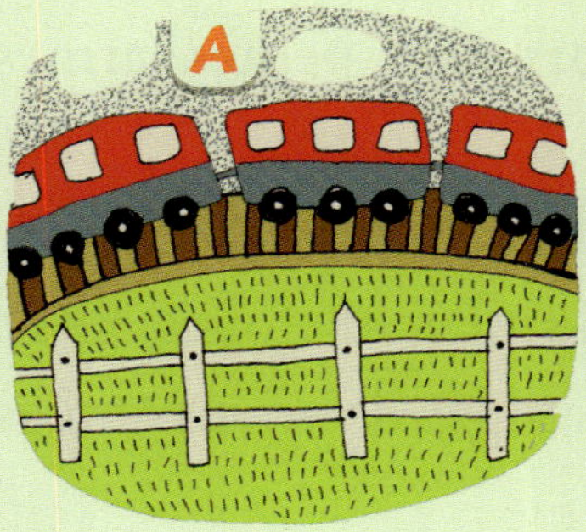

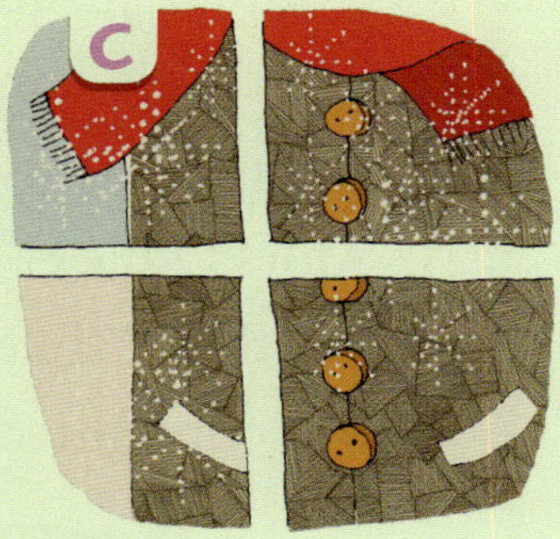


**4** **Vocabulaire** « Le jour où la chatte mit au monde ses petits, Petite Marie fut **ravie**. » (ligne 10)

Propose un mot par lequel tu peux remplacer l'adjectif en violet.

### Échangeons

**5** D'après vous, pourquoi Petite Marie veut-elle compter tout ce qui l'entoure ?

## Ai-je bien compris le texte ?

**6** Fais la liste de ce que Petite Marie pourrait compter si elle se trouvait dans une forêt en automne.

## Je lis à voix haute sans hésiter

Prépare la lecture à voix haute des lignes 14 à 16. Pour cela, copie l'extrait et entoure les mots qui doivent être lus ensemble.

# Petite Marie compte les étoiles (partie 2)

**Vocabulaire**

**1. Ciel de lit :** *tissu suspendu au-dessus d'un lit.*

**2. Astronome :** *savant qui étudie les étoiles.*

Son vœu le plus cher, son souhait le plus ardent, était d'arriver un jour à compter les étoiles. Mais elle se demandait bien comment. Souvent les nuages dans le ciel cachaient les étoiles. Et puis les nuits étaient beaucoup trop courtes. Petite Marie ne parvint jamais à les compter jusqu'au bout. Pas une seule fois, même avec l'aide de ses amis. Cela la rendit très triste. Elle versa alors deux petites larmes. Et les compta aussi.

Alors Odile et Vladimir eurent une idée : ils offrirent à Petite Marie un **ciel de lit**[1]. Elle avait maintenant un ciel à elle, plein d'étoiles. Elle était très contente de ce cadeau, mais il ne s'agissait pas de vraies étoiles.

Personne ne pouvait l'aider. Personne ? Elle alla voir un **astronome**[2]. Celui-ci lui expliqua :

– J'aime les étoiles, moi aussi. Et pourtant personne ne pourra jamais les compter. On voit sans cesse naître de nouvelles étoiles et d'autres disparaître.

Il sourit, lui montra une étoile au bout de sa lunette et lui dit :

– Je viens juste de découvrir cette étoile, je te l'offre, elle s'appellera comme toi.

Depuis, tous les soirs, Petite Marie cherche dans le ciel l'étoile qui porte son nom. C'est la plus belle de toutes, la seule qui compte pour elle.

Hubert Schirneck, *Petite Marie compte les étoiles*, traduction d'Isabelle Péhourticq, © Actes Sud, 2004.

## Ma première lecture

**1** **Rappelle qui est Petite Marie et quelle est sa passion.**

**2** **Qu'est-ce que Petite Marie désire par-dessus tout ?**

compter les fleurs | compter les étoiles | compter sur ses amis

## Je relis pour mieux comprendre

**3** « Cela la rendit très triste. » (ligne 6) **Explique pourquoi Petite Marie est triste.**

**4** **Explique pourquoi Odile et Vladimir offrent un ciel de lit à Petite Marie.**

**5** **Complète cette phrase :** Personne ne pourra jamais compter toutes les étoiles parce que…

**6** **Vocabulaire** « C'est la plus belle de toutes, la seule qui **compte pour elle.** » (l. 22-24)

**Remplace *compte pour elle* par une expression qui a le même sens.**

**7** **Remets ces phrases dans l'ordre.**

a. Odile et Vladimir offrent un ciel de lit à Petite Marie.

b. Petite Marie est triste.

c. L'astronome donne le nom de Petite Marie à une nouvelle étoile.

d. Petite Marie va voir un astronome.

### Échangeons

**8** **Choisissez le mot qui qualifie le mieux cette histoire.**
**Puis expliquez votre choix.**

effrayante | poétique | drôle | triste | étonnante

## Ai-je bien compris le texte ?

**9** **Petite Marie regarde le ciel par sa fenêtre. Sa mère entre dans sa chambre.**
**Écris ce que Petite Marie va lui raconter.**

## Je lis de manière expressive

**Prépare la lecture à voix haute des lignes 3 à 7. Repère tous les groupes de mots qui t'indiquent ce que ressent Petite Marie pour choisir le ton qui convient.**

# Encore une histoire, maman !

Maman, je veux une belle histoire,
l'histoire d'un grand voyage
au-delà du plus lointain des villages,
là où la chèvre,
partie chercher
ses enfants,
est prisonnière
de la forêt.

J'irai la libérer.

Maman, je veux une belle histoire,
l'histoire du pays où les loups
se lient d'amitié
avec les
bergers
et où les fleurs
chantent la douceur
des lacs et des montagnes.

J'irai les respirer.

Maman, je veux une autre histoire,
l'histoire de l'ogresse qui,
chaque soir, enlève les enfants
dont le nez s'allonge
un peu plus
à chaque mensonge
et les enferme
dans sa grotte
ensorcelée.

J'irai leur raconter toutes tes histoires

pour que
comme moi,
maman,
ils n'aient plus jamais
peur du noir.

Miloud Hakim, *Encore une histoire, maman !*,
traduit et adapté de l'arabe (Algérie)
par Miloud Hakim et Alain Serres,
© Rue du monde.

## Ma première lecture

**1** Qui est l'auteur de ce poème ? De quel pays est-il originaire ?

**2** D'après toi, qui parle dans ce poème ? À qui parle cette personne ? Explique comment tu le sais.

## Je relis pour mieux comprendre

**3** **Vocabulaire** Trouve parmi les mots proposés ceux de la famille de *ensorcelée* (ligne 27), puis explique ce mot.

sorcière • sort • sortir • sorcellerie • magicien • sortilège

**4** Relève dans le texte les personnages et les lieux que tu as déjà rencontrés dans tes lectures.

**5** Indique dans quelles histoires ils se trouvaient.

**6** **Vocabulaire** « …l'histoire du pays où les loups **se lient d'amitié** avec les bergers. » (lignes 11-14)

Que signifie l'expression *se lier d'amitié* ?

ligoter ensemble deux amis | priver quelqu'un d'amitié | devenir amis

### Échangeons

**7** D'après vous, pourquoi les histoires de la maman font que les enfants n'ont plus peur du noir ?

## Ai-je bien compris le texte ?

**8** Termine la phrase suivante :

Maman je veux une autre histoire,
L'histoire de…

## Je lis à voix haute sans hésiter

Choisis l'extrait du poème que tu souhaites lire à voix haute. Copie-le et entoure les groupes de mots qui doivent être lus ensemble.

# Écrire un texte poétique

## J'observe les documents

**A**

Peut-être que la nuit est noire
pour qu'on ne la confonde pas avec le jour.

Peut-être que les chameaux ont deux bosses
pour rendre les dromadaires jaloux.

**B**

Peut-être que les abeilles font du miel
parce qu'elles ne savent pas faire le chocolat.

Peut-être que les sorcières chevauchent des balais
parce qu'elles n'ont jamais entendu parler des aspirateurs.

Ghislaine Roman, *Le Grand Livre des peut-être, des si et des pourquoi*, © Éditions Milan.

## Échangeons sur les documents

1. **Dans les phrases des documents A et B, que fait l'auteur ?**
   il questionne • il explique • il affirme • il imagine • il raconte
2. **Chaque phrase est écrite en deux parties, sur deux lignes. Pour ces quatre phrases, comparez les deux parties en choisissant un adjectif pour chacune.**
   fantaisiste • vraie • drôle • réaliste • farfelue
3. **Pourquoi peut-on dire que ces phrases sont poétiques ?**
4. **Comparez les phrases A. Copiez ce qui est identique dans chacune. Puis faites la même chose avec les phrases B.**

## Maintenant j'écris

**À ton tour, écris deux phrases qui expliqueront de manière poétique pourquoi les étoiles scintillent.**

- Choisis deux explications fantaisistes.
- Utilise une fois chaque modèle :
  - Peut-être que les étoiles scintillent pour…
  - Peut-être que les étoiles scintillent parce que…
- Rédige chaque phrase sur deux lignes en respectant les deux parties.

Aide-toi de ta BOITE À MOTS

## Je relis mes phrases pour les améliorer

- [x] Je conjugue les verbes au présent.
- [x] J'accorde les verbes avec leur sujet.

## BOITE À MOTS

| Des noms | Des verbes | Des adjectifs |
|---|---|---|
| • une étoile filante | • éclairer | • noir |
| • le Soleil | • se lever | • sombre |
| • le ciel | • disparaitre | • brillant |
| • l'obscurité | • se coucher | • infini |
| • la lumière | • monter | • scintillant |
| • la Lune | • descendre | • lumineux |

## EXPRESSION ORALE

Image extraite du film « Charlie et la chocolaterie », réalisé par Tim Burton en 2005.

## Étape 1 Observons la photographie pour la comprendre

1. **Observez le décor. Quels adjectifs choisissez-vous pour le qualifier ?**

naturel | étrange | sauvage | surprenant | habituel | artificiel

2. **D'après vous, qui sont les personnages ?**

3. **Que peuvent-ils faire à cet endroit ?**

des courses • une randonnée • une visite • un voyage • du sport

4. **Quelles expressions voyez-vous sur leurs visages ?**

la peur | la surprise | la joie | l'étonnement | la tristesse

5. **Imaginez ce que les personnages voient et ce qui va leur arriver.**

## Étape 2 Je raconte une aventure

Aide-toi de ta BOITE À MOTS

- **Présente le décor et les personnages. Explique ce qu'ils font là.**
- **Raconte ce que les personnages aperçoivent et ce qu'ils ressentent.**
- **Puis, raconte ce qui va leur arriver.**
- **Termine ton récit en créant un suspense.**

### Pense à...

- réfléchir à l'ordre des différentes actions de ton histoire.
- maintenir l'attention de tes camarades en faisant des pauses.
- parler suffisamment fort pour que tout le monde t'entende.

### BOITE À MOTS

**Pour présenter la scène**
- une famille
- des voisins
- des touristes
- le gazon
- les lianes
- des troncs d'arbre
- un vert éclatant

**Pour raconter ce que les personnages voient**
- une soucoupe volante
- un énorme lapin en chocolat
- un géant en bonbon
- une rivière de sirop de menthe

**Pour relier tes idées**
- tout à coup
- soudain
- puis
- alors
- ensuite
- aussi
- pendant que

# Un plongeon spectaculaire

**Vocabulaire**

1. **Proue :** avant.
2. **Tribord :** droite.
3. **Cingle :** avance, pour un bateau.
4. **Bravoure :** courage.

*Une princesse a débarqué sur une île habitée par un féroce dragon. Le chevalier Têtenlère veut aller la secourir.*

– Capitaine, pouvez-vous m'approcher de cette île ? Votre bestiole, j'en fais mon affaire !

Une heure plus tard, il se trouve à la **proue**[1] du bateau du capitaine John. À **tribord**[2], un autre bateau, plus petit, **cingle**[3] dans la même direction, mais le chevalier n'y prête qu'une attention modérée.

– Impossible d'aller plus loin, déclare bientôt le capitaine en jetant l'ancre.

– À moi de jouer ! lance le chevalier pressé de montrer sa **bravoure**[4].

Il s'approche du bord et prend sa respiration. Le capitaine tente de le retenir.

– Vous ne croyez pas qu'avant il vaudrait mieux…

– Je n'en ai pas pour longtemps !

Thibaud Têtenlère saute dans l'eau… et coule à pic.

Heureusement, alors qu'il touche le fond, il voit un filet descendre devant lui. Il l'agrippe, tire un coup sec et se laisse remonter à la surface.

Toussant et crachant, il est hissé sur le pont par le capitaine et ses hommes.

– Vous ne m'avez pas laissé parler, chevalier Têtenlère, explique le capitaine John, embarrassé. Je voulais vous dire qu'avant de sauter il était peut-être préférable d'enlever votre armure.

– Je me suis un peu précipité, admet le chevalier. Merci pour le coup de main, ou plutôt le coup de filet…

Stéphane Daniel, *Le chevalier Têtenlère*, coll. « Petit roman », © Rageot.

## Ma première lecture

**1** **Fais la liste des personnages de cette histoire.**

**2** **Regroupe les mots qui désignent les mêmes personnages.**

John • Têtenlère • le chevalier • le capitaine • Thibaud

**3** **Relève les mots qui te permettent de dire où la scène se déroule.**

## Je relis pour mieux comprendre

**4** Vocabulaire **Choisis la phrase qui a le même sens que :**

« Votre bestiole, j'en fais mon affaire ! » (lignes 1-2)

a. Votre bestiole, je vais la tuer.

b. Votre bestiole, je vais vous la vendre.

c. Votre bestiole, je vais lui prendre ses affaires.

**5** **Pourquoi le chevalier veut-il s'approcher de l'ile ?**

**6** **Thibaud Têtenlère coule à pic parce que…**

il ne sait pas nager. | l'eau est très profonde. | il n'a pas enlevé son armure.

**7** Vocabulaire **Copie la phrase qui veut dire la même chose que :**

« – Je me suis un peu précipité… » (ligne 26)

a. J'ai voulu aller trop vite. b. Je suis tombé. c. J'ai couru.

### Échangeons

**8** **Le chevalier vous parait-il plutôt :**

courageux • malin • réfléchi • imprudent • chanceux • malchanceux • distrait

**Expliquez votre choix.**

## Ai-je bien compris le texte ?

**9** **De son ile, la princesse assiste à cette scène. Écris ce qu'elle voit.**

## Je lis de manière expressive

**Prépare la lecture à voix haute du passage lignes 22 à 25.**

# Une étrange conversation

*Thierry est resté seul à la maison. Il s'ennuie.*

Je décroche l'appareil, et je compose plusieurs chiffres au hasard sur le cadran. Un deux pour commencer, un zéro, un cinq, un six, un trois, et encore un six.

Au bout d'un moment, j'entends une sonnerie et quelqu'un qui décroche :

– Allô ? Ici la société Tout-Gratis. Que puis-je pour votre service ?

Moi, j'ai décidé de me moquer de mon **correspondant**[1], aussi je réponds :

– Bonjour, je voudrais parler à monsieur Lagrenouille !

– Il n'y a pas de Lagrenouille chez nous, dit la voix. Ici, c'est la société Tout-Gratis.

J'essaie de rester sérieux et je dis :

– Elle a un nom bizarre, votre société.

– Absolument pas ! fait la voix. Nous nous appelons Tout-Gratis, car nous offrons à nos clients tout ce qu'ils veulent, et gratuitement. C'est simple, n'est-ce pas ?

Là, je commence à me demander si la personne n'est pas, elle aussi, en train de se moquer de moi.

– Vous donnez tout gratuitement ? C'est impossible, aucune société ne fait ça.

– La nôtre, si ! Vous voulez vous inscrire ?

– Moi ? M'inscrire ?

– Oui. Donnez-nous votre nom, et aussitôt vous deviendrez un de nos clients. Vous pourrez nous commander tout ce que vous voulez, sauf de l'argent, bien sûr.

Finalement, je suis ravi, et j'accepte.

– Mon nom est Thierry Valleteau.

– Très bien ! répond la voix. Maintenant, je dois vous faire connaître le seul règlement que vous devez suivre : il est absolument interdit de commander des objets dont le nom se termine par le son « eur ».

– Tiens, c'est curieux ça… Et si je le fais quand même ?

Nicolas de Hirsching, *Le mot interdit*, coll. « Bayard Poche » – J'aime lire, © Bayard Éditions.

**Vocabulaire**

**1. Correspondant :** *personne avec qui l'on parle au téléphone.*

## Ma première lecture

**1** **Qui raconte cette histoire ? Explique comment tu le sais.**

Monsieur Lagrenouille | Thierry Valleteau | Monsieur Tout-Gratis

**2** **La société s'appelle « Tout-Gratis » parce que…**

a. elle ne fait rien payer.
b. elle envoie des tickets à gratter.
c. on lui téléphone gratuitement.
d. elle est dirigée par monsieur Tout-Gratis.

## Je relis pour mieux comprendre

**3** « Je décroche l'appareil… » (ligne 1)

**De quel appareil s'agit-il ? Explique comment tu le sais.**

**4** **Le garçon compose ce numéro pour :**

a. parler à monsieur Lagrenouille.
b. commander un objet.
c. faire une blague.
d. s'inscrire à un jeu.

**5** **Vocabulaire** « – Tiens, c'est **curieux** ça… » (ligne 30)

**Remplace le mot *curieux* par un mot qui a le même sens.**

**6** **Parmi les objets suivants, relève ceux que l'on ne peut pas commander à la société Tout-Gratis.**

une chaise • un tracteur • un livre • un moteur • des lunettes • un ordinateur

### Échangeons

**7** **D'après vous, que risque Thierry en commandant des objets interdits ?**

## Ai-je bien compris le texte ?

**8** **Le lendemain, Thierry raconte son aventure à un ami. Écris en quelques phrases ce qu'il lui dit.**

## Je lis de manière expressive

**Lis ce passage en mettant le ton qui convient aux émotions des personnages. Aide-toi de la ponctuation et des mots en gras.**

– Vous donnez tout **gratuitement ?** C'est **impossible**, aucune société ne fait ça.

– La nôtre, **si !** Vous voulez vous inscrire **?**

# Plus que huit vies

Le premier jour de son arrivée dans l'étrange et vieille petite maison de Bella Donna, Aristote décida de l'explorer de haut en bas. Ou plutôt de bas en haut car, quand il eut fait le tour des pièces du bas, puis de celles du haut, il se dit qu'il aimerait bien monter sur le toit. Le toit était en chaume si bien que, en escaladant le lierre qui poussait sur les murs de la maison, Aristote n'eut plus qu'à marcher sur la paille pour atteindre la cheminée. Puis, curieux comme tous les chats, il grimpa tant bien que mal sur la cheminée et se pencha au-dessus de l'ouverture, se demandant à quoi elle pouvait bien servir.

Juste à ce moment-là, une grosse **volute**[1] de fumée monta le long du **conduit**[2] et lui sauta à la figure, ce qui le fit tousser, éternuer, perdre l'équilibre… et il dégringola dans la cheminée.

Bella Donna venait d'allumer son feu de cuisine quand une énorme pluie de **suie**[3] s'abattit sur le **foyer**[4] et éteignit le feu. Juste après atterrit un chaton qui, à présent, n'était plus du tout blanc, mais noir comme un chapeau de sorcière.

– Ma foi, mon garçon, dit Bella Donna, tu viens de perdre la première de tes neuf vies. Une chance que la cheminée était sale ou tu aurais brûlé vif. Tu ferais bien d'être un peu plus prudent, Aristote, si tu veux devenir un chat, un jour. Plus que huit vies.

Dick King-Smith,
*Les 9 vies d'Aristote*,
illustrations de Bob Graham,
trad. de Laurence Nectoux,
© Éditions Gallimard Jeunesse,
©2003 Foxbusters Ltd,
reproduced by permission of
Walker Books Ltd.

**Vocabulaire**

**1. Volute :** *spirale.*

**2. Conduit :** *tuyau de la cheminée.*

**3. Suie :** *poussière noire déposée par la fumée.*

**4. Foyer :** *partie de la cheminée où le feu brûle.*

## Ma première lecture

**1** **Qui sont Aristote et Bella Donna ? Explique comment tu le sais.**

**2** **Relève dans le texte ce qui te permet de savoir où cette scène se déroule.**

## Je relis pour mieux comprendre

**3** **Vocabulaire** « … et il **dégringola** dans la cheminée. » (ligne 12)

**Parmi les mots suivants, relève les synonymes du mot *dégringola*.**

chuta — dévala — grimpa — tomba — monta — culbuta — escalada

**4** **Termine cette phrase :** Le feu s'éteint dans la cheminée…

a. parce que le chat tombe dans les flammes.

b. parce que la suie tombe sur les flammes.

c. parce que la fumée recouvre les flammes.

**5** **Choisis à chaque fois le mot qui décrit le mieux Aristote :**

jeune / vieux — blanc / noir — curieux / prudent

**Justifie tes réponses par des éléments du texte.**

### Échangeons

**6** « – Ma foi, mon garçon, dit Bella Donna, tu viens de perdre la première de tes neuf vies. » (lignes 17-18)

**D'après vous, pourquoi la sorcière dit-elle cette phrase à Aristote ?**

## Ai-je bien compris le texte ?

**7** « Une chance que la cheminée était sale ou tu aurais brûlé vif. » (lignes 18-19)

**Explique comment une cheminée sale a sauvé Aristote.**

## Je lis à voix haute sans hésiter

**Prépare la lecture du passage lignes 10 à 12 en te concentrant sur la ponctuation.**

Lecture 4

Aventures et mésaventures

# Un rendez-vous mystérieux

Cher Thomas,

Tu sais à quel point tu fais partie de mes élus, de mes favoris, de mes préférés, bref, de mes chouchous. Aujourd'hui, enfin, et j'attends ce moment depuis près de trois ans, j'ai la possibilité de te donner la priorité. Tu vas être le premier à choisir. Le premier entre tous. Et cette année, crois-moi, la livraison est exceptionnelle. Je dispose d'un choix que tu ne peux même pas imaginer. Tu pourras emporter tout ce qui te plaira, sans réserve. Des cartons entiers !

Seulement, je dois me montrer discret par rapport aux autres, tu le comprendras aisément. Personne ne doit savoir que je te favorise ainsi. C'est une opération top-secret ! Donc, ne le dis à personne, et viens tout seul, bien évidemment.

Tu comprendras aussi, toujours pour les mêmes raisons, qu'étant surchargé de travail dans la nuit du 24 au 25 décembre, je suis obligé de te fixer un rendez-vous anticipé[1].

Je t'attendrai donc le 24 à 12 heures précises, au 18 rue Lamarck, rez-de-chaussée, gauche. Mes obligations imposent une ponctualité irréprochable[2]. Si tu n'es pas là à douze heures quinze, je me verrai obligé de garder mon petit trésor. Ou d'en faire profiter un autre.

Bien tendrement,

Le père Noël

Sarah Cohen-Scali, *Cauchemar à Noël*,
© Magnard.

**Vocabulaire**

**1. Anticipé :** en avance.

**2. Ponctualité irréprochable :** le fait d'être toujours à l'heure.

## Ma première lecture

**1** **Ce texte est :**

une recette de cuisine | une lettre | une histoire | une règle de jeu

**Explique comment tu le sais.**

**2** **Qui envoie ce message ? À qui est-il destiné ?**

**3** **D'après toi, qui est Thomas ?**

## Je relis pour mieux comprendre

**4** **Ce texte :** propose une rencontre | demande des nouvelles | donne des nouvelles

**5** « Tu vas être le premier à choisir. » (ligne 5)

**Que pourra choisir Thomas ?**

**6** **Vocabulaire** « …tu le comprendras **aisément**. » (l. 9-10)

**Choisis le mot qui a le même sens que le mot en violet :**

discrètement • facilement • agilement • difficilement

**7** **Pourquoi le rendez-vous avec Thomas ne peut-il pas avoir lieu dans la nuit du 24 au 25 décembre ?**

### Échangeons

**8** **D'après vous, qui est l'auteur de cette lettre ?**

## Ai-je bien compris le texte ?

**9** « Je t'attendrai donc le 24 à 12 heures précises… » (ligne 16)

**Thomas va-t-il aller au rendez-vous ? Écris sa réponse en trois lignes.**

## Je lis de manière expressive

**Lis le passage lignes 16 à 19 en insistant sur les mots qui donnent les informations importantes.**

# Le Dragon vert
## (partie 1)

Texte intégral en 2 parties

**Décor :** *dans la première partie, l'intérieur d'un château. Dans la seconde partie, la campagne, près de la caverne du Dragon vert.*

### SCÈNE 1

*Lumière sur le conteur, assis côté jardin[1].*

**LE CONTEUR** – Marcel Minus aurait aimé être un chevalier de grande taille, costaud et courageux.

*Lumière sur Marcel Minus, **côté cour[2]**, en train de revêtir son armure de chevalier. Un **heaume[3]** posé sur une chaise. À côté de lui, un grand miroir.*

**LE CONTEUR** – Oui, il aurait adoré. Hélas, il était minuscule, **chétif[4]**…

**MARCEL MINUS**, *l'interrompant* – Minuscule, faut pas exagérer ! J'en connais des plus petits.

**LE CONTEUR** – …Et il avait peur de tout.

**MARCEL MINUS**, *vexé* – Même pas vrai ! *(Il coiffe son heaume, se voit dans le miroir et pousse un cri effrayé.)* AAAHHHHH !! *(Il se cache sous la chaise.)*

**LE CONTEUR**, *levant les yeux au ciel* – Marcel Minus était donc un chevalier minuscule, chétif, et qui avait peur de tout. Même de son reflet, dans le miroir.

**MARCEL MINUS**, *au public* – Et encore, vous ne m'avez jamais vu face à une araignée !

**LE CONTEUR** – Un jour, Marcel Minus aperçut la fille du roi.

*Passe sur scène le roi, tenant à son bras sa fille la princesse, traîne tenue par un **page[5]**. Marcel Minus, toujours sous sa chaise, la regarde passer avec des yeux ronds.*

**Vocabulaire**

**1. Côté jardin :** *à gauche de la scène, pour les spectateurs.*

**2. Côté cour :** *à droite de la scène, pour les spectateurs.*

**3. Heaume :** *casque des chevaliers au Moyen Âge.*

**4. Chétif :** *très maigre.*

**5. Page :** *jeune garçon qui sert un roi.*

**Le conteur** – Il en tomba éperdument amoureux et décida qu'il l'épouserait un jour.

**Marcel Minus**, *se dégageant de sous la chaise* – Foi de Marcel Minus ! Je l'épouserai un jour !

**Le conteur** – Oui, mais comment faire ?

**Marcel Minus** – Oui. Comment faire ?

**Le conteur**, *hurlant* – AS-TU FINI DE RÉPÉTER TOUT CE QUE JE DIS, MARCEL MINUS ?

*Effrayé, Marcel Minus s'est de nouveau fourré sous la chaise. Un* ***héraut***[6] *entre, souffle dans une trompette puis lit un parchemin.*

**Vocabulaire**

**6. Héraut :** personne qui annonçait les évènements importants au Moyen Âge.

**Le héraut** – Par la volonté du roi, il a été décidé que le chevalier qui tuera le Dragon vert épousera la Princesse, sa fille ! Pour preuve, il devra ramener un bout de sa queue ! *(Il range le parchemin et s'en va.)*

**Marcel Minus**, *au conteur* – Le Dragon vert ?

**Le conteur** – Saperlotte, j'avais oublié ce petit détail ! En ce temps-là, un énorme, un terrible, un épouvantable Dragon vert flanquait la frousse à tout le pays.

**Marcel Minus** – Et il faudrait que j'aille tuer l'énorme, le terrible, l'épouvantable Dragon vert, moi, Marcel Minus, chevalier minuscule, chétif, et qui ai peur de tout ?

**Le conteur** – Et ramener un bout de sa queue ! Si tu veux épouser la Princesse, c'est la seule chose à faire, mon petit Marcel.

*Marcel Minus s'assied sur la chaise et réfléchit.*

**Le conteur** – Marcel Minus était très très très amoureux de la Princesse. Après avoir beaucoup réfléchi, il partit tuer le Dragon vert.

**Marcel Minus** – Qu'on selle mon cheval ! Je pars tuer le Dragon vert ! *(Il sort.)*

Gérard Moncomble, « Le Dragon vert »,
*Théâtre pour de rire, 18 pièces à monter en atelier de la grande section au CE1*, © Magnard.

## Ma première lecture

**1** **Qui sont les personnages de ce texte (p. 88-89) ? Explique comment tu le sais.**

**2** **Les phrases en italique indiquent…**

a. quels personnages parlent.
b. ce qui compose le décor.
c. ce que font les personnages.
d. ce que disent les personnages.

**3** **Où se déroule cette scène ?**

## Je relis pour mieux comprendre

**4** **Vocabulaire** **Trouve dans le texte les mots qui disent le contraire des mots en violet :** Un chevalier de *grande taille*, *costaud* et *courageux*.

**5** **À la ligne 11 (p. 88), Marcel Minus crie parce que…**

a. il est en colère.
b. il a peur de son reflet.
c. il a vu une araignée.
d. il s'est fait mal.

**6** **Le message du roi indique qu'il veut :**

se débarrasser de sa fille. | se débarrasser du dragon. | voir la queue du dragon.

### Échangeons

**7** **D'après vous, pourquoi le chevalier doit-il ramener un bout de la queue du dragon ?**

## Ai-je bien compris le texte ?

**8** **Écris ce que pense Marcel Minus quand il réfléchit (l. 46, p. 89).**

## Je lis de manière expressive

**Prépare la lecture du passage lignes 24 à 30 (p. 89). Aide-toi de la ponctuation et des indications du texte pour mettre le ton qui convient.**

# Le Dragon vert (partie 2)

## SCÈNE 2

*Changement de décor. Arbres et un gros buisson (ou un rocher).*

*Marcel Minus arrive côté jardin, à califourchon sur son cheval-balai. Il « galope » à pas de loup.*

**LE CONTEUR** – Au fur et à mesure qu'il approchait de la caverne du Dragon vert, Marcel Minus avait de plus en plus peur.

**MARCEL MINUS** – J'ai une frousse bleue, oui !

**LE CONTEUR** – À chaque seconde, derrière chaque arbre, chaque branche, chaque feuille, sous chaque rocher, chaque caillou, chaque champignon, il croyait apercevoir le Dragon vert. C'était insupportable.

**MARCEL MINUS** – Je préfère ne rien voir ! *(Il se cache les yeux et continue d'avancer.)*

*Côté cour, le Dragon vert arrive, à reculons. Ni l'un ni l'autre ne se voient.*

**LE DRAGON VERT** – Je… je crois que j'ai entendu du… du bruit…

*Ils continuent, l'un d'avancer, l'autre de reculer. À un moment, ils **se télescopent**[1], poussent un premier cri de surprise. Marcel Minus se dévoile les yeux, le Dragon vert se retourne. Ils se font face. Deuxième cri de terreur, cette fois, et les deux personnages se réfugient derrière un arbre. Ils tremblent tous les deux.*

**MARCEL MINUS** – Tu… tu es le Dra-Dragon vert ?

**LE DRAGON VERT** – Ou-oui. Et toi, qui… qui es-tu ?

**MARCEL MINUS** – Je… je m'appelle Marcel Minus, je suis un chevalier minuscule, chétif, et j'ai peur de tout.

**LE DRAGON VERT** – Tu sais pourquoi on m'appelle le Dragon vert ?

**MARCEL MINUS** – Parce que tu es vert !

**LE DRAGON VERT** – Vert, oui ! Mais VERT DE FROUSSE ! JE SUIS LE DRAGON LE PLUS FROUSSARD DE LA TERRE !

**MARCEL MINUS** – Alors tu as peur de moi !

**Vocabulaire**

**1. Se télescopent :** se cognent.

**Le Dragon vert**, *montrant sa poitrine* – Écoute mon cœur.

**Marcel Minus**, *s'approchant et se collant l'oreille sur la poitrine du Dragon* – Ça cogne dur ! Écoute le mien !

**Le Dragon vert**, *l'oreille collée sur la poitrine de Marcel Minus* – Ça tambourine sec !

**Marcel Minus** – Alors, on est faits pour s'entendre, tous les deux !

*Ils tombent dans les bras l'un de l'autre. Ils miment une discussion (bla-bla-bla), à la fin de laquelle le Dragon vert donne à Marcel Minus un bout de sa queue.*

**Le conteur** – Marcel Minus revint au château en déclarant qu'il avait tué le Dragon vert. Pour le prouver, il ramenait un morceau de la queue du monstre. Naturellement, il n'en était rien. Et désormais, le Dragon-Vert-de-Frousse pouvait dormir sur ses deux oreilles, sans craindre les chevaliers qui lui faisaient si peur.

**Vocabulaire**

**2. Tirade :** texte dit par un acteur.

**3. Satisfaction :** joie.

*La scène est mimée, tandis que le conteur récite sa* ***tirade***[2]*. Sont présents le roi, le héraut, le page, et d'autres personnages que l'on peut créer à cette occasion. La fille du roi mime une grande* ***satisfaction***[3].

**Le conteur** – Comme le roi l'avait promis, il donna la main de sa fille à Marcel Minus.

*Scène mimée du mariage (y adjoindre de la musique, éventuellement une danse collective), avec tous les personnages.*

**Le conteur** – Monsieur et madame Minus furent très heureux. Comme son mari, madame Minus avait une frousse bleue des araignées. Ils eurent beaucoup de petits Minus qui avaient peur de tout.

*Au moment de la dernière tirade du conteur, les petits Minus arrivent sur scène, se rangent face au public (par ordre décroissant, par exemple). Quelqu'un, dans le public, est chargé de leur faire peur d'une façon quelconque. Les petits Minus hurlent et s'enfuient en courant, ainsi que tous les autres personnages de la pièce.*

Gérard Moncomble, « Le Dragon vert », *Théâtre pour de rire, 18 pièces à monter en atelier de la grande section au CE1*, © Magnard.

## Ma première lecture

**1** **Raconte ce qui s'est passé dans la partie 1.**

**2** **Choisis l'illustration qui convient à la partie 2.**

A

B

C

## Je relis pour mieux comprendre

**3** **Pourquoi Marcel et le dragon coupent-ils les mots et les phrases lignes 15 à 24 (p. 91) ?**

**4** **Vocabulaire** « – Ça **tambourine** sec ! » (ligne 36, p. 92)

**Remplace *tambourine* par un autre mot de même sens.**

**5** **Termine cette phrase :** Le dragon a le cœur qui cogne dur parce que…

**6** **Vocabulaire** « le Dragon-Vert-de-Frousse pouvait **dormir sur ses deux oreilles** » (lignes 45-46, p. 92)

**Par quoi peux-tu remplacer l'expression en violet ?**

dormir confortablement • dormir tranquillement • dormir sur le dos • dormir sur un oreiller

### Échangeons

**7** **Pourquoi Marcel et le dragon disent-ils qu'ils sont faits pour s'entendre ?**

Les deux font du bruit. • Les deux ont peur. • Les deux s'entendent bien.

## Ai-je bien compris le texte ?

**8** **Écris ce que se disent Marcel et le dragon quand ils discutent (l. 39-41, p. 92).**

## Je lis à voix haute sans hésiter

**Par deux, préparez la lecture du passage des lignes 21 à 28 (p. 91). Appuyez-vous sur la ponctuation et les indications du texte pour mettre le ton qui convient aux émotions des personnages.**

# Écrire le dialogue d'une bande dessinée

## J'observe la bande dessinée

## Échangeons sur la bande dessinée

**1 Observez la bande dessinée pour comprendre ce qui se déroule :**
– qui sont les personnages ?
– que veulent-ils faire ?
– quel problème rencontrent-ils ? quelle solution ont-ils trouvée ?

**2 Repérez les vignettes dans lesquelles un personnage parle. Comment le savez-vous ?**

**3 D'après vous, que dit ce personnage ? Que peut lui répondre l'autre personnage ?**

## Maintenant j'écris

- **Donne un prénom à chaque personnage.**
- **Choisis les vignettes dans lesquelles tu veux ajouter une bulle.**
- **Définis qui parle en premier et qui répond dans chaque vignette.**
- **Rédige ce que chaque personnage dit dans les bulles en utilisant les pronoms *je*, *tu* et *nous*.**

Aide-toi de ta BOITE À MOTS

## Je relis mon texte pour l'améliorer

☒ Je vérifie la ponctuation de mes phrases.
☒ Je conjugue les verbes au présent.

## BOITE À MOTS

**Pour poser des questions**
- Veux-tu… ?
- Est-ce que tu… ?
- Et si nous… ?
- Comment pouvons-nous… ?

**Pour parler des actions des personnages**
- regarder
- s'ennuyer
- chercher
- apporter
- gonfler

**Pour parler des objets**
- gros
- dégonflé
- énorme
- vieux
- une pompe
- un gonfleur

# Étude de la langue

# Je différencie [p]/[b] et [m]/[n]

## Je cherche et je collecte

la main | le pain | le bain | une poule | un nain | une boule | un mage | il nage

- Associe chaque mot à son illustration.
- Repère les mots qui se ressemblent et regroupe-les par paires.
- Dans chaque paire, indique les lettres qui font changer le sens du mot.

## Je repère

- Lis chaque liste et retrouve le mot intrus.

| | | | |
|---|---|---|---|
| la bougie | une moule | la narine | la poste |
| le pouce | un nuage | le marin | la poudre |
| la baleine | une moto | une fenêtre | une épine |
| le bras | un mur | la nuit | le lavabo |

## Je retiens

✓ Je ne confonds pas les sons qui sont proches.

un poisson – une boisson          un mage – il nage

✓ Quand je lis, je peux m'aider du sens de la phrase.

Il lance → la boule.
Il lance → ~~la poule~~.

## Je complète les listes

- Lis ces listes, puis explique comment les mots sont regroupés. Propose d'autres mots pour compléter les listes.

| | | | |
|---|---|---|---|
| un pantalon | une boite | la mouche | le nuage |
| il pense | une banane | une plume | le journal |
| une nappe | un crabe | il s'amuse | un panier |
| la soupe | il tombe | un moteur | une épine |

# Je différencie [t]/[d] et [f]/[v]

## Je cherche et je collecte

a. 

b. 

c. 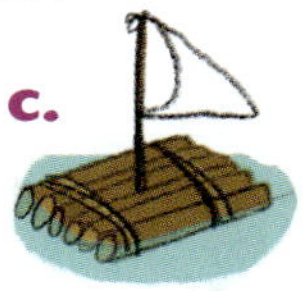

d. 

e. 

f. 

une douche — une vache — un radeau — un râteau — une touche — il se fâche

- **Associe chaque mot à son illustration.**
- **Groupe par paires les mots qui se ressemblent.**
- **Dans chaque paire, nomme les lettres qui font changer le sens du mot.**

## Je repère

- **Lis chaque liste et retrouve le mot intrus.**

| | | | |
|---|---|---|---|
| malade | il se lave | le ventre | la tour |
| la table | il frotte | la girafe | une tétine |
| le midi | il efface | le cheval | le domino |
| rapide | il fabrique | la voiture | une étoile |

## Je retiens

✓ Je ne confonds pas les sons qui sont proches.

nous partons – pardon　　　le fer – le ver

✓ Quand je lis, je peux m'aider du sens de la phrase.

Dans ma pomme, il y a → un ver. / ~~un fer.~~

## Je complète les listes

- **Lis ces listes, puis explique comment les mots sont regroupés.**
  **Propose d'autres mots pour compléter les listes.**

| | | | |
|---|---|---|---|
| la tarte | fou | un village | il danse |
| une étiquette | difficile | la cave | un radis |
| le tapis | la figure | le voyage | la douche |
| le football | un défaut | il vise | il donne |

# Je différencie [k]/[g] et [ʃ]/[ʒ]

## Je cherche et je collecte

la classe — bouger — le boucher — un gant — la joue — la glace — un camp — un chou

MATÉRIEL

- Associe chaque mot à son illustration.
- Groupe par paires les mots qui se ressemblent.
- Dans chaque paire, nomme les lettres qui font changer le sens du mot.

## Je repère

- Lis chaque liste et retrouve le mot intrus.

| | | | |
|---|---|---|---|
| le cheval | la gare | un magazine | jeudi |
| il sèche | il recule | une gare | une chemise |
| rouge | le café | un regard | un pyjama |
| la branche | il découpe | un micro | le judo |

## Je retiens

✓ Je ne confonds pas les sons qui sont proches.

un car – une gare　　　il bouche – il bouge

✓ Quand je lis, je peux m'aider du sens de la phrase.

Paul se ~~bouge~~ / bouche les oreilles.

## Je complète les listes

MATÉRIEL

- Lis ces listes, puis explique comment les mots sont regroupés.
Propose d'autres mots pour compléter les listes.

| | | | |
|---|---|---|---|
| une gomme | un cheval | une jonquille | un couteau |
| le grenier | il est riche | des jumelles | il écrit |
| la gare | la cheminée | jaune | la capuche |
| un brigand | il s'échappe | il joue | un pic |

# Je repère les liaisons

## Je cherche et je collecte

J'ai vu un avion.

J'ai vu un gros avion.

J'ai vu un petit avion.

- **Lis les phrases des bulles à voix haute.**
- **Compare la prononciation des groupes de mots surlignés.**

## Je repère

- **Lis ces groupes de mots et prononce à voix haute le son produit par les liaisons.**

**a.** un olivier • elles attendent • des abricots • un gros artichaut • un avion

**b.** des échelles • un grand arbre • un animal • des outils • un énorme gâteau

**c.** des ogres • de vieux amis • ils ouvrent • elles sont arrivées • nous ouvrons

## Je retiens

✓ Quand je parle ou quand je lis, je fais des liaisons entre les mots.

**un éléphant** (n) **– un petit éléphant** (t) **– un grand éléphant** (t) **–**

**des éléphants** (z) **– des vieux éléphants** (z)

## Je complète les listes

MATÉRIEL

- **Lis les groupes de mots suivants, puis explique pourquoi ils sont rangés ensemble.**

| | | |
|---|---|---|
| un énorme soupir | il était une fois | sous une table |
| mon affiche | quand il pourra venir | de bas en haut |
| une olive | petit à petit | nous arrivons |
| un italien | elle est allée | dix-huit |

# Je lis des groupes de consonnes [br], [kr], [gr]...

## Je cherche et je collecte

**tra ou tar**

le ...pèze

une ...tine

**fro ou for**

elle est ...te

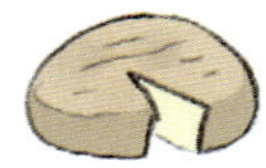

le ...mage

**bra ou bar**

la ...be

il em...sse

**cra ou car**

un ...be

un ...table

- Complète les mots avec les syllabes proposées.
- Dans chaque paire de mots, nomme les lettres qui changent de place.

## Je repère

- Lis chaque liste et retrouve le mot intrus.

| | | | | |
|---|---|---|---|---|
| un abricot | la grimace | la tortue | le premier | il écrit |
| la brume | le garçon | un trésor | une prune | une corde |
| la bordure | il grogne | il tourne | la prison | le cartable |
| un arbre | un ogre | il est tard | partir | il court |

## Je retiens

✓ Quand je lis, je fais attention à l'ordre des lettres.

un bar – un bras    un carton – une cravate    une tarte – une trace

## Je complète les listes

MATÉRIEL

- Lis ces listes, puis explique comment les mots sont regroupés.
Propose d'autres mots pour compléter les listes.

| | | | | |
|---|---|---|---|---|
| un bras | le crabe | gris | trois | propre |
| un abricot | il écrit | le grenier | elle attrape | apprivoiser |
| il broute | un crochet | grave | un triomphe | premier |
| la brume | une croix | maigre | il trouve | une prune |

# Je lis des groupes de consonnes [bl], [gl], [fl]...

## Je cherche et je collecte

**flan ou fan**

le ...

un en...t

**gla ou ga**

il se ré...le

une ...ce

**cla ou ca**

il ...sse

la ...sse

**pla ou pa**

une ...ce

il ...sse

- Complète les mots avec les syllabes proposées.
- Dans chaque paire de mots, dis à voix haute les lettres qui changent de place.

## Je repère

- Dans chaque liste, retrouve le mot intrus et lis-le à voix haute.

| | | | | |
|---|---|---|---|---|
| un clou | le cartable | un pli | une gifle | un régal |
| la bicyclette | le ballon | la place | un fil | une règle |
| un client | il oublie | la police | du flan | il glisse |
| une couleur | il est blanc | il est souple | elle gonfle | la glace |

## Je retiens

✓ Je ne confonds pas les syllabes qui sont proches.

flou – la foule    un glaçon – il se régale    un pli – une pile

## Je complète les listes

MATÉRIEL

- Lis ces listes, puis explique comment les mots sont regroupés.
Propose d'autres mots pour compléter les listes.

| | | | | |
|---|---|---|---|---|
| blanc | la clé | le flan | la glace | plus |
| le tableau | il s'exclame | il souffle | une règle | il s'applique |
| une étable | elle éclaire | un fléau | gluant | elle explose |
| sublime | le climat | une gifle | elle glisse | une place |

# Je révise les sons [wa] et [wɛ̃]

## Je cherche et je collecte

- Observe l'illustration et trouve les mots qui contiennent le son [wa].
- Dicte-les à ton maitre ou à ta maitresse.
- Nomme les lettres qui produisent le son [wa].
- Fais le même travail avec les mots qui contiennent le son [wɛ̃].

## Je repère

- **Lis ces mots silencieusement, puis dis à voix haute uniquement ceux dans lesquels tu entends le son [wɛ̃].**
  la boisson • Antoine • c'est loin • une pivoine • le goinfre • le point • le moineau
- **Lis ces mots silencieusement, puis dis à voix haute uniquement ceux dans lesquels tu entends le son [wa].**
  la balançoire • un couloir • une moitié • du shampoing • moins • la baignoire • c'est pointu • le coiffeur • un témoin • le soir

## Je retiens

✓ Je vois **oi**, je lis [wa] comme **voiture**.

✓ Je vois **oin**, je lis [wɛ̃] comme **poing**.

⚠ Parfois je vois les lettres **oin** mais je ne lis pas [wɛ̃] : **le moineau**, **un moine**.

## Je complète les listes

MATÉRIEL

- **Lis ces listes, puis explique comment les mots sont regroupés. Propose d'autres mots pour compléter les listes.**

| | |
|---|---|
| une voiture | le point |
| le couloir | du foin |
| une armoire | un besoin |
| il coiffe | moins |

# Je repère les lettres muettes

## Je cherche et je collecte

**Quand les animaux s'amusent…**

Un chat blanc en haut de l'armoire
Une souris sur le tapis !
Et un gentil loup gris dans le lit !
Et toi, à quoi joues-tu ?

- **Lis ces phrases, puis indique les lettres que l'on voit mais que l'on ne prononce pas.**

## Je repère

- **Lis ces mots et nomme les lettres muettes.**

**a.** un hérisson • beaucoup • un rat • un poing • le théâtre
**b.** un outil • sérieux • un drap • une joue • blanc • grand • un homme
**c.** le poids • il voit • trop • long • un chat • un creux

## Je retiens

✓ Il y a des lettres qui sont écrites mais que je ne prononce pas, ce sont des lettres muettes.

✓ Je peux les voir en début, au milieu ou en fin de mot :

**en haut – marathon – il est grand – ils jouent**

## Je complète les listes

MATÉRIEL

- **Lis ces listes, puis explique comment les mots sont regroupés.**
**Propose d'autres mots pour compléter les listes.**

| | | |
|---|---|---|
| un héros | une souris | ils volent |
| une histoire | le repos | elles regardent |
| il hésite | un radis | ils attendent |
| le hangar | il est gros | elles entendent |

# J'apprends à écrire le son [s]

## Je cherche

Les souris mangent le poison.
L'ours attrape les poissons.
La fusée décolle au-dessus de la maison.
La danseuse sautille en faisant des ronds.
Et moi je déguste la soupe au potiron,
Des cerises et des glaces aux marrons !

- **Lis à voix haute cette comptine et relève les mots où tu entends [s].**
- **Classe ces mots dans un tableau.**
- **Entoure les lettres placées avant et après la lettre s ou la lettre c. Que remarques-tu ?**

## Je manipule pour comprendre

MATÉRIEL

**1** **Classe les mots suivants dans le tableau que tu as réalisé dans Je cherche.**

triste | un glaçon | la classe | monsieur | une place | je dessine | il décide

**2** **Relève l'intrus dans chaque liste.**

a. une salle – la soupe – la maison – du sucre
b. la musique – la poste – une fraise – un vase
c. un citron – une trace – la force - une caméra

**3** **Copie ces mots et entoure les lettres qui font le son [s].**

a. des ciseaux
b. une leçon
c. une cerise
d. il glisse
e. la sieste
f. la soupe

**4** **Observe ces cinq listes et explique comment les mots ont été classés.**

| | | | | |
|---|---|---|---|---|
| un glaçon<br>le rinçage<br>un garçon | une citrouille<br>le ciel<br>le cinéma | la classe<br>elle pousse<br>une bosse | la danse<br>une histoire<br>un monsieur | une glace<br>féroce<br>une grimace |

## Je retiens

✓ Pour écrire le son [s], j'écris **s** :
- en début de mot : **la soupe**, **le silence**.
- en fin de mot : **un bus**, **plus**.
- entre une voyelle et une consonne : **la danse**, **une histoire**.

⚠ Parfois la lettre **s** est muette : **un pays**, **des gants**, **tu chantes**.

✓ J'écris **ss** en milieu de mot entre deux voyelles : **elle passe**, **la mousse**

✓ J'écris **c** devant **e** ou **i** : **douce**, **adoucir**

✓ J'écris **ç** devant un **a**, **o** ou **u** : **un maçon**, **français**

## Je m'entraine

**1** ✪ **Complète chaque liste en ajoutant deux nouveaux mots contenant le son [s].**

a. un sapin – la salade – un stylo – ... – ...

b. un poisson – la vitesse – un passage – ... – ...

c. une place – une balance – une épice – ... – ...

**2** ✪✪ **Forme de nouveaux mots en doublant le s dans les mots écrits en couleur :** *un baiser → se baisser*. **Lis les mots obtenus et explique ce qu'ils signifient.**

a. La souris a mangé du **poison**.

b. Vous **lisez** un livre passionnant.

c. Ces enfants aiment le **désert**.

d. Ma mère a de nombreux **cousins**.

**3** ✪✪ **Trouve un mot pour compléter chaque liste et écris-le.**

a. un chausseur – déchausser – une chaussette – ...

b. une sauterelle – sautiller – un saut – ...

c. renforcer – en forçant – le renforcement – ...

d. un glaçon – glaciaire – un glacier – ...

**4** ✪✪ **Réponds à chaque devinette en trouvant un mot contenant le son [s].**

a. C'est un fruit jaune.

b. Il permet aux écoliers d'écrire.

c. C'est le contraire de joyeux.

d. Le chameau en a deux.

## J'écris

**5** **Rédige un texte dans lequel tu expliqueras ce que le sorcier prépare. Utilise des mots qui contiennent la lettre s.**

# J'apprends à écrire les sons [g] et [ʒ]

## Je cherche

- Cherche dans ce dessin des mots qui s'écrivent avec la lettre g.
- Classe les mots trouvés dans un tableau. Justifie ton classement.
- Complète les listes obtenues avec des mots que tu connais.

## Je manipule pour comprendre

**1** **Entoure les lettres qui font le son [ʒ] dans les mots suivants.**

la cage • jamais • le géant • le gilet • les gants • le fromage • le javelot • la grange

**2** **Classe les mots suivants dans un tableau.**

MATÉRIEL

longue   un légume   regarder   la girafe   un escargot

le linge   un guide   une goutte   un dialogue   un garage

**3** **Entoure les lettres qui font le son [g] dans les mots suivants.**

conjuguer • un gouter • un garagiste • une baguette • un guépard • une cigogne • un guidon • gros • gagner • un glaçon

## Je retiens

✓ Pour écrire le son [g] :

– j'écris **g** devant les voyelles **a**, **o**, **u** et les consonnes : **un gâteau**, **un gorille**, **la figure**, **la grippe**, **il glisse**

– j'écris **gu** devant les voyelles **e** ou **i** : **la vague**, **la guitare**

✓ Pour écrire le son [ʒ] :

– j'écris souvent **g** devant les voyelles **e** et **i** : **un nuage**, **le régime**

– j'écris souvent **j** devant les voyelles **a**, **o** et **u** : **un pyjama**, **joli**, **une jupe**

## Je m'entraine

**1** ✪ **Complète chaque phrase avec un mot qui comporte la lettre g.**

a. Lisa … la brasse à la piscine.

b. Ce musicien joue de la ….

c. Il m'a offert une … à la vanille.

d. Au zoo, j'ai vu une … avec un long cou.

e. Paul tousse beaucoup, il a mal à la ….

f. La sorcière prépare une potion ….

**2** ✪ **Écris quatre mots en utilisant les syllabes proposées.**

ga guê vi gu lé na guer ra me ge pe

**3** ✪✪ **Copie l'intrus dans chaque série de mots. Explique ton choix à l'oral.**

a. du fromage – regarder – gris – mon grand-père

b. un guide – un géant – grasse – le gout

c. un escargot – une gomme – un gorille – une blague

**4** ✪✪ **Complète chaque liste en ajoutant un mot.**

a. une guitare – une guenon – …

b. une girafe – un genou – …

c. une gare – une gomme – …

d. une grue – un grillon – …

**5** ✪✪ **Devinette : *Qui suis-je ?***

a. J'efface les ratures des écoliers.

b. On doit toujours me tenir pour rouler droit et tourner sans tomber du vélo.

c. Nous protégeons tes mains du froid.

## J'écris

**6** **Écris une phrase à partir de l'illustration avec des mots contenant la lettre g.**

# J'apprends à écrire le son [k]

## Je cherche

| | | |
|---|---|---|
| un cartable<br>un cactus<br>un canapé<br>elle encadre<br>… | je recopie<br>du coton<br>un abricot<br>la colère<br>… | il recule<br>la cuisine<br>un cube<br>une excuse<br>… |
| un kiwi<br>un képi<br>un kayak<br>un kangourou<br>… | une quille<br>un requin<br>elle quitte<br>le liquide<br>… | une brique<br>un disque<br>une queue<br>l'époque<br>… |

- **Explique comment les mots sont classés.**
- **Ajoute un mot à chaque groupe.**

## Je manipule pour comprendre

MATÉRIEL

**1** **Classe ces mots en trois colonnes.**

le cirque — le dictionnaire — un sac — calculer — une équerre — un kimono — le carton — décorer — la pastèque — un kilomètre

**2** **Copie ces mots et entoure les lettres qui font le son [k].**

il crie — un crocodile — une équipe — un catalogue — un koala — l'écurie — une cuvette

**3** **Lis ces mots et copie l'intrus de chaque série. Explique ton choix à l'oral.**

a. une quille – quinze – il écrit – il bloque

b. une carte – un médecin – le cou – courir

c. le cœur – le clown – un accord – cinq

## Je retiens

✓ J'utilise la lettre **c** pour écrire le son [k] :
– devant les voyelles **a**, **o**, **u** : **une case**, **un copain**
– devant une consonne : **un cri**

✓ Je peux aussi utiliser les lettres **qu** et **k** pour écrire le son [k] : **une équipe**, **une quille**, **un koala**

## Je m'entraine

**1** ✪ **Complète chaque liste en ajoutant un mot contenant le son [k].**

a. un équipage – un équipier – équiper – …
b. embarquer – débarquer – l'embarquement – …
c. clouer – une cloueuse – clouter – …

**2** ✪✪ **Copie les phrases en remplaçant le mot en couleur par un synonyme contenant la lettre c.**

a. Je cherche un **médecin**.
b. Hier, il a reçu un **présent**.
c. J'ai participé à une **compétition** automobile.
d. Léa change la **teinte** de ses cheveux.

**3** ✪✪ **Relève le verbe de chaque phrase et écris-le à l'infinitif.**

a. L'infirmière piquait les malades avec douceur.
b. L'alpiniste s'équipe avec des cordes.
c. Le clown blanc se moque des lions.
d. Le sportif s'applique pour lancer le javelot.

**4** ✪✪ **Devinette :** ***Qui suis-je ?***

a. Je protège la tête des motards.
b. Je suis l'enveloppe dure de l'œuf, je protège le poussin.
c. Je suis l'habit porté par les judokas.

## J'écris

**5** **Écris une liste de courses en t'aidant des dessins.**

# J'apprends à écrire les sons [aj], [ɛj], [oj] et [uj]

## Je cherche

| un écureuil<br>une feuille<br>il cueille | un rail<br>la paille<br>elle travaille |
|---|---|

| le sommeil<br>une merveille<br>elle se réveille | le fenouil<br>une grenouille<br>il fouille |
|---|---|

- **Explique comment les mots ont été rangés.**
- **Nomme les lettres qui produisent le son [j].**
- **Écris sur ton cahier de brouillon deux mots qui complètent chaque colonne.**

## Je manipule pour comprendre

**1 Relève l'intrus dans chaque liste.**

a. la maille – spécial – un travail – un caillou
b. le sommeil – le soleil – c'est pareil – le ciel
c. seulement – un chevreuil – un écureuil – une feuille
d. la rouille – des nouilles – une citrouille – du fioul

**2 Copie les mots et entoure les lettres qui font les sons [aj], [ɛj], [oj] et [uj]. Explique leur orthographe.**

des nouilles • un travail • le chevreuil • la rouille • elle travaille • le soleil

## Je retiens

✓ Pour écrire les mots avec [ɑj], [ɛj], [oj] et [uj], j'écris :

| | | |
|---|---|---|
| **-ail**<br>**-eil**<br>**-euil**<br>**-ouil** | à la fin des mots masculins | **le travail**<br>**le réveil**<br>**un chevreuil**<br>**le fenouil** |
| **-aille**<br>**-eille**<br>**-euille**<br>**-ouille** | à la fin des mots féminins et des verbes | **elle travaille**<br>**la veille**<br>**la feuille**<br>**la grenouille** |
| **-aill-**<br>**-eill-**<br>**-euill-**<br>**-ouill-** | en milieu de mot | **une paillasse**<br>**l'embouteillage**<br>**le feuillage**<br>**le mouillage** |

## Je m'entraine

**1** ✪ **Complète chaque phrase par un mot avec [ɑj], [ɛj], [oj] ou [uj].**

a. Le champion a gagné la course, il reçoit une … d'or.

b. Je ne veux pas aller au lit, je n'ai pas … .

c. Il fait chaud, le … brille.

d. C'est l'automne, les arbres perdent leurs … .

**2** ✪✪ **Classe ces mots en deux groupes. Explique tes choix.**

une bouteille — elle fouille — le bétail — il se réveille

un éventail — un fauteuil — une patrouille — une citrouille

**3** ✪✪ **Devinette : Qui suis-je ?**

a. On m'appelle parfois « doigt de pied ».

b. Je me nourris de noisettes et de noix.

c. Quand il fait chaud, tu m'agites pour faire du vent.

## J'écris

**4** **Décris l'illustration en utilisant des mots avec [ɑj], [ɛj], [oj] ou [uj].**

# J'utilise la lettre m devant m, b, p

## Je cherche

| | |
|---|---|
| la jambe | blanc |
| la lampe | le pantalon |
| une ambulance | chanter |
| ... | ... |

| | |
|---|---|
| compter | monter |
| une ombre | un conte |
| tomber | bondir |
| ... | ... |

| | |
|---|---|
| décembre | sentir |
| sembler | sensation |
| la tempête | une aventure |
| ... | ... |

| | |
|---|---|
| impossible | un pinceau |
| un timbre | un singe |
| grimper | rincer |
| ... | ... |

- **Explique comment les mots ont été classés.**
- **Complète chaque colonne avec un mot de ton choix. Explique sur quels indices tu t'appuies.**

## Je manipule pour comprendre

MATÉRIEL

**1** **Copie les mots et entoure les lettres qui font les sons [ɑ̃], [ɔ̃], [ɛ̃].**

un timbre — emmener — un champ — le temps — une framboise

**2** **Copie les mots et entoure les lettres qui font les sons [ɑ̃], [ɔ̃], [ɛ̃].**

vingt • impossible • une lampe • il danse • comme • rond

**3** **À l'oral, explique pourquoi certains mots ne s'écrivent pas am, om, im.**

## Je retiens

✓ Lorsque je veux écrire les sons [ɑ̃], [ɔ̃], [ɛ̃] :
- j'écris **m** devant les lettres **m**, **b**, **p** : **emmener** – **un timbre**
- j'écris **n** devant les autres lettres : **une plante** – **un dindon**

✓ Quelques mots ne suivent pas la règle : je dois les apprendre.

**un comte – une comtesse**
**un bonbon – une bonbonnière**

## Je m'entraine

**1** ✪ **Écris le mot que représente chaque dessin à l'aide des syllabes proposées.**

a. 
b. 
c. 

cham – ta – pi – mon – me – gnon – gom – gne

**2** ✪✪ **Complète chaque liste en ajoutant deux mots. Tu peux t'aider des mots écrits dans les exercices précédents.**

a. impossible – une timbale – ... – ...
b. un exemple – remplir – ... – ...
c. camper – du champagne – ... – ...
d. un pont – un tronc – ... – ...

**3** ✪✪ **Remplace les mots en couleur par un synonyme comportant le son [ɑ̃] ou [ɔ̃].**

a. La pierre **chute** sur le toit de la voiture.
b. Il **conduit** sa mamie chez le médecin.
c. L'agriculteur laboure son **pré**.
d. Paula compte **la quantité** d'animaux de la ferme.

**4** ✪✪ **Donne pour chaque mot un nom de la même famille.**

ranger • camper • danser • bondir

**5** ✪✪ **Copie l'intrus dans chaque série de mots. Explique ton choix à l'oral.**

a. une ombre – tomber – bonjour – complet
b. le printemps – impossible – tambourin – cinq
c. colombe – ensemble – concombre – ambulance

## J'écris

**6** **Décris le dessin en utilisant trois mots contenant am, om, em, im.**

# Je forme le pluriel des noms et des adjectifs

## Je cherche

un perroquet vert
un chien noir
la poule rousse
le petit poussin jaune

des perroquets verts
des chiens noirs
les poules rousses

- Lis puis compare les deux tableaux. Explique les différences que tu entends à l'oral.
- Écris au pluriel le groupe nominal en couleur et entoure ce qui change.

## Je manipule pour comprendre

**1** Classe ces groupes nominaux (GN) dans un tableau : GN au singulier et GN au pluriel.

MATÉRIEL

des livres passionnants | les jolis vêtements | un acteur âgé
ces navires gigantesques | trois invités surprenants | une bête docile

**2** Relève les GN écrits au pluriel et entoure les lettres qui marquent le pluriel.

des pêches | l'arbre | des allumettes | un couteau
des tapis | quelques livres

**3** Relève les adjectifs écrits au pluriel et entoure les lettres qui marquent le pluriel.

MATÉRIEL

verts | pointu | cruelles | raides
délicieux | sombres | rouge

## Je retiens

✓ En général, pour former le pluriel d'un nom ou d'un adjectif, j'ajoute un **-s** à la fin du mot.

**une pêche délicieuse → des pêches délicieuses**
**la rose rouge → les roses rouges**

⚠ Les noms et les adjectifs qui se terminent par un **-x** ou un **-s** au singulier ne changent pas au pluriel.

**un bras → des bras** **un homme courageux → des hommes courageux**

## Je m'entraine

**1** ✪ **Écris ces groupes nominaux au pluriel. Souligne ce qui change.**

a. ton bracelet | un camion | une souris

b. un chat sauvage | un cheveu blanc | un acteur célèbre

**2** ✪ **Écris ces groupes nominaux au singulier.**

des exercices difficiles | des paysages splendides | des nouveaux rideaux

**3** ✪✪ **Complète chaque groupe nominal avec l'adjectif qui convient.**

magnifique • profonds • maladroit • magnifiques • maladroits • profond

a. des oiseaux … – b. un fleuve … – c. un geste … – d. ce jardin … – e. des jongleurs … – f. des trous …

**4** ✪✪ **Copie l'intrus de chaque série.**
**Explique ton choix à l'oral.**

a. des fleurs – un tapis – quelques mots – quatre girafes

b. curieux – peureux – furieux – sévères

c. des souris – des repas – des objets – des bras

## J'écris

**5** **Décris chaque image en utilisant un nom et un adjectif au pluriel.**

a.

b.

c.

d.

# Je forme le féminin des noms

## Je cherche

un garçon · la boulangère · la danseuse · le danseur · le boulanger
un ami · un enfant · la chienne · une fille · une amie
une sportive · un sportif · le chien · une enfant

MATÉRIEL

- Classe ces noms en deux familles : les noms féminins et les noms masculins.
- Explique ce qui t'a permis de faire ce classement.
- Que remarques-tu si tu compares chaque nom masculin avec le même nom au féminin ?

## Je manipule pour comprendre

**1** **Classe ces noms en deux colonnes : noms féminins et noms masculins.**

MATÉRIEL

mon amie · deux invités · une personne · quelques souris
l'aviateur · des monstres · une élève · du poisson

**2** **Copie ces noms. Entoure les lettres qui marquent le féminin.**

*Pour t'aider, donne à l'oral le masculin de chaque mot.*

une dessinatrice • une cavalière • une conductrice • une vendeuse • une comédienne • une navigatrice • une chanteuse

**3** **Relève les noms féminins.**

Un volcanologue est un savant qui étudie les volcans. Certaines montagnes sont des volcans. De nombreux volcans naissent sous la mer. Une éruption peut provoquer une vague géante.

**4** **Relève les noms qui ne changent pas de forme au féminin.**

un fleuriste · un pianiste · un agriculteur · un danseur
un musicien · un camarade · un cycliste · un directeur

## Je retiens

| Comment former le féminin d'un nom ? | | | |
|---|---|---|---|
| J'ajoute un **-e** à la fin du nom. | Je modifie la fin du mot. | Je change le mot. | Je ne change rien. |
| **mon ami** → **mon amie** | **un Indien** → **une Indienne**<br>**un danseur** → **une danseuse** | **un garçon** → **une fille** | **un élève** → **une élève** |

## Je m'entraine

**1** ✪ **Associe chaque nom masculin au nom féminin qui lui correspond. Entoure ce qui change dans chaque mot.**

MATÉRIEL

le coiffeur — un moniteur — le vacancier — un enfant

la vacancière — une enfant — la coiffeuse — une monitrice

**2** ✪ **Transforme ces noms au féminin et classe-les dans le tableau.**

le champion • un chat • un enfant • le voisin • un homme • un maitre • le dentiste

| J'entends la marque du féminin. | Je n'entends pas la marque du féminin. |
|---|---|
| ... | ... |

**3** ✪✪ **Écris les noms suivants au féminin.**

un cheval — un nageur — le pâtissier — mon cousin

**4** ✪✪ **Écris le nom féminin qui correspond à chaque nom masculin.**

a. un frère – b. un jars – c. un instituteur – d. un taureau – e. un pirate – f. un cheval – g. un voisin

## J'écris

**5** **Réécris la phrase en remplaçant les noms masculins en couleur par des noms féminins.**

Un **magicien** commence son tour de magie avec son chien. Un **guitariste** l'accompagne de sa mélodie sous le regard des **spectateurs**.

# Je forme le féminin des adjectifs

## Je cherche

| | |
|---|---|
| un joli village | une jolie ville |
| un ogre cruel | une sorcière cruelle |
| un gentil animal | une gentille bête |
| un chemin dangereux | une route dangereuse |
| un poisson rouge | une écharpe rouge |

MATÉRIEL

- **Copie les deux listes et souligne les adjectifs.**
- **Compare les adjectifs des deux listes. Entoure ce qui change à l'oral en vert et ce qui change à l'écrit en rouge.**
- **Explique pourquoi on fait ce changement.**
- **Compte les différences que tu vois et les différences que tu entends.**

## Je manipule pour comprendre

**1** **Classe dans un tableau les adjectifs masculins et les adjectifs féminins.** MATÉRIEL

joyeuse | coloré | petite | coléreuse | affamée | triste | rêveur

**2** **Associe chaque adjectif masculin avec le même adjectif au féminin. Entoure ce qui change.** MATÉRIEL

joli | agréable | vert | sec | sérieux | beau | effrayant

verte | sèche | sérieuse | belle | effrayante | agréable | jolie

**3** **Copie les adjectifs qui ne changent pas au féminin.**

jaune • pointu • superbe • magique • aimable • intelligent • paresseux

**4** **Copie les adjectifs pour lesquels il suffit d'ajouter un e au féminin.**

rusé • malin • rugueux • bleu • coloré • haut • spécial • peureux

## Je retiens

✓ En général, pour former le féminin d'un adjectif, j'ajoute un **-e** à la fin du mot.

**un joli cadeau → une jolie voiture**

✓ Parfois, je dois modifier la fin du mot avant d'ajouter le **-e**.

**un ogre cruel → une sorcière cruelle**

✓ Dans certains cas, j'entends la marque du féminin.

**un homme courageux → une femme courageuse**

**un bon gâteau → une bonne sucette**

✓ Certains adjectifs ont un féminin particulier.

**un beau château → une belle maison**

✓ Certains adjectifs ne changent pas au féminin.

**un coffre magique → une baguette magique**

## Je m'entraine

**1** ✪ **Réécris le groupe nominal en choisissant l'adjectif qui convient.**

a. une montre (précis / précise)

b. une mare (boueux / boueuse)

c. une chienne (hargneux / hargneuse)

d. une soupe (délicieux / délicieuse)

**2** ✪ **Transforme les adjectifs au féminin et écris-les.**

habile – bon – réjoui – poli – gracieux – répugnant – fabuleux

**3** ✪ **Complète le nom avec un adjectif de ton choix.**

a. une table ... – b. une chemise ... – c. une élève ... – d. une chanteuse ...

**4** ✪✪ **Complète chaque groupe nominal avec un adjectif choisi dans la liste.**

contagieux • magique • noire • contrariée • passionnante • fatigué • patient

a. une robe ... – b. un virus ... – c. une aventure ... – d. un cheval ... –
e. une infirmière ... – f. un animal ... – g. une ardoise ...

**5** ✪✪ **Transforme les groupes nominaux au féminin.**

a. un garçon blond → ...

b. un sorcier cruel → ...

c. un boulanger sérieux → ...

d. un homme intelligent → ...

## J'écris

**6** **Réécris le texte en remplaçant « le danseur » par « la danseuse ».**

Le célèbre danseur s'avance. Il est prêt. Lorsque la musique commence, il s'élance, gracieux et majestueux.

# J'accorde le nom et l'adjectif dans le groupe nominal

## Je cherche

Le castor est un travailleur infatigable. Il peut tailler un tronc solide avec ses deux dents de devant. Il peut construire un barrage très long au-dessus de la rivière. Il habite parfois dans une petite hutte au ras de l'eau.

Les castors sont des travailleurs infatigables. Ils peuvent tailler des troncs solides avec leurs deux dents de devant. Ils peuvent construire des barrages très longs au-dessus des rivières. Ils habitent parfois dans des petites huttes au ras de l'eau.

- **Lis les textes puis compare-les. Relève les groupes nominaux qui ont changé.**
- **Entoure ce qui a changé dans les adjectifs et explique tes choix à l'oral.**

## Je manipule pour comprendre

MATÉRIEL

**1 Relève le groupe nominal dans chaque phrase. Souligne le nom et explique, à l'oral, l'accord des adjectifs.**

a. La voiture verte se gare.
b. Les lapins affamés grignotent.
c. Il achète une voiture neuve.
d. Elle a des yeux bleus.

**2 Relève le groupe nominal au féminin dans chaque série. Entoure ce qui change.**

a. un élève sage — une élève sage
b. des chanteuses formidables — des chanteurs formidables

**3 Relève le groupe nominal au pluriel dans chaque série. Entoure ce qui change.**

a. des bêtes sauvages — une bête sauvage
b. un cheveu blanc — des cheveux blancs

## Je retiens

✓ Dans un groupe nominal, j'accorde l'adjectif en genre (féminin ou masculin) et en nombre (singulier ou pluriel) avec le nom qu'il qualifie.

un chien intelligent → une chienne intelligente

une chienne intelligente → des chiennes intelligentes

## Je m'entraine

**1** ✪ **Ajoute un adjectif dans chaque groupe nominal.**

a. des écharpes ... – b. des ballons ... – c. un vélo ... – d. une trottinette ...

**2** ✪ **Transforme ces groupes nominaux au féminin et écris-les.**

un chien blanc • un chat tigré • un lion inquiétant • un lapin gourmand

**3** ✪ **Transforme ces groupes nominaux au pluriel et écris-les.**

une illustration réussie • un livre neuf • une histoire amusante • un conte terrifiant

**4** ✪✪ **Utilise chaque adjectif dans un groupe nominal de ton choix.**

chaude | fragile | neufs | élégantes | libre | vides

**5** ✪✪ **Complète le texte en choisissant les adjectifs qui conviennent.**

petit | petits | petites | rouge | rouges

jaune | jaunes | minuscule | minuscules

La poule a un ... bec ..., une crête ... sur la tête, et des yeux .... Ses ... poussins ... la suivent partout. Ils picorent les cerises ... tombées de l'arbre.

**6** ✪✪ **Réécris chaque phrase en modifiant le genre et le nombre du nom en couleur. Attention aux accords.**

*Le petit **garçon** mange une tartine.* → *Les petites **filles** mangent une tartine.*

a. Le petit **chat** miaule devant la porte.

b. Le **cheval** gris saute la haie.

## J'écris

**7** **Écris une phrase comportant au moins deux adjectifs pour décrire l'illustration.**

# J'accorde le verbe avec le sujet

## Je cherche

À l'atelier de dessin, Tom et ses copains dessinent.
– Qu'est-ce que tu dessines, Tom ?
– Je dessine une tortue.
– Et vous, qu'est-ce que vous dessinez ?
– Nous dessinons des dragons, mais Pablo dessine un poisson.

- **Lis le texte et relève toutes les formes conjuguées du verbe *dessiner*.**
- **Entoure ce qui change et explique pourquoi.**

## Je manipule pour comprendre

**1 Relève les sujets dans chaque phrase.**

a. Au restaurant, nous mangerons des pizzas.
b. Une tortue traverse la route.
c. Mes frères n'aimaient pas le ski.

**2 Copie les verbes avec leur sujet et souligne le sujet. Explique à l'oral la terminaison du verbe.**

a. Les enfants nagent dans la piscine.
b. Il marche tous les weekends avec ses parents.
c. Julie aime jouer de la trompette après l'école.

**3 Associe les étiquettes pour écrire quatre phrases.**

MATÉRIEL

L'orage | Jeanne | Tu | Les nuages | tombe dans la neige.
éclate. | écoutes le vent. | ressemblent à des moutons.

## Je retiens

✓ Dans une phrase, j'accorde toujours le verbe avec le sujet.

✓ Pour cela je dois repérer le sujet :
– si le sujet est au singulier, le verbe est au singulier.

**La poule picore le grain.**
sujet verbe

– si le sujet est au pluriel, le verbe est au pluriel.

**Les poules picorent le grain.**
sujet verbe

## Je m'entraine

**1** ✪ **Complète chaque phrase avec le verbe qui convient.**

a. Les bergers (**élève** – **élèvent**) des chèvres.
b. Le chameau (**es** – **est**) un animal qui vit en Afrique.
c. Les gens (**porte** – **portes** – **portent**) des vêtements légers.
d. Le vent (**souffle** – **souffles** – **soufflent**) sur le sable chaud.

**2** ✪ **Complète les phrases avec un sujet de ton choix.**

a. … venez manger à la maison.
b. … adorent faire des blagues.
c. … faisons la vaisselle après le diner.
d. … habitent un château.

**3** ✪✪ **Mets le sujet au pluriel et réécris chaque phrase.**

a. Le poussin a besoin de chaleur.
b. L'avion décolle dans une minute.
c. Le boucher découpe la viande.
d. La voiture roule vite.

**4** ✪✪ **Invente la suite de ces phrases en choisissant un verbe de ton choix.**

a. Certains animaux … .
b. Le chat … .
c. Les tortues … .
d. Elle … .

**5** ✪✪ **Écris une phrase au présent avec chacun de ces verbes : *chanter* • *jouer* • *mimer*.**

## J'écris

**6** **Réécris ce texte en commençant par « Les hommes de Cro-Magnon ».**

L'homme de Cro-Magnon aime vivre en groupes. Il chasse pour se nourrir. Il habite dans des cavernes. Il dessine sur les murs.

# Je reconnais la phrase

## Je cherche

- Observe les deux dessins et compte les bulles.
- Relève les phrases. Compte-les. Que remarques-tu ?
- Que comprends-tu en regardant la bulle du premier dessin ? Remplace les signes de ponctuation par une phrase.

## Je manipule pour comprendre

MATÉRIEL

**1** **Écris trois phrases en remettant les étiquettes dans l'ordre.**

frère | roman. | Mon | lit | un

Le | trésor | île. | pirate | sur | son | cache | une

coule | navire | des | près | Le | rochers.

**2** **Repère la phrase correcte et explique ton choix à l'oral.**

a. le jardinier taille les arbres.

b. Les roses parfument l'allée

c. Dans le potager, les légumes poussent vite.

d. Bientôt le printemps c'est.

## Je retiens

✓ Je sais qu'une phrase est une suite de mots qui a du sens.

✓ Une phrase commence par une majuscule et se termine par un point.

**Les étoiles brillent dans le ciel.**

↑ majuscule ↑ point

## Je m'entraine

**1** ✪ **Compte le nombre de phrases dans le texte suivant. Explique comment tu fais pour les compter. Copie la troisième phrase.**

Le loup est carnivore. Il chasse surtout la nuit. Il a la réputation d'être un animal meurtrier et sanglant. Pourtant, la meute rentre bredouille dans 90 % des cas lorsqu'elle s'attaque aux grands animaux comme les élans.

D. et N. Vanier, *Le loup, brigand des bois*, coll. « Doc à pattes », © Milan jeunesse, 2012.

**2** ✪ **Lis ce texte à voix haute. Copie-le en mettant les majuscules et les points.**

c'est la fin de la récréation les élèves se rangent avant d'entrer en classe la maitresse appelle ceux qui vont distribuer les cahiers

**3** ✪✪ **Remets les groupes de mots dans l'ordre pour écrire trois phrases.**

| | | |
|---|---|---|
| Je | picore | les nuages. |
| La poule | pousse | le musée. |
| Le vent | visite | un ver de terre. |

**4** ✪✪ **Relis le texte, Quelle chaleur !, page 12. Choisis une phrase et copie-la.**

## J'écris

**5** **Écris une phrase en te servant de l'illustration.**

# Je reconnais la phrase interrogative

## Je cherche

Roba, *Boule & Bill*, tome 18 « Carnet de Bill », © Studio Boule & Bill, 2016.

- **Relève dans la première vignette les paroles du père.**
- **Relève dans la deuxième vignette une phrase qui ressemble à celle que tu as trouvée.**
- **Entoure leurs points communs.**

## Je manipule pour comprendre

**1 Classe les phrases en deux colonnes. Explique ton classement.**

a. Le chien aboie.
b. De quelle couleur est le chien ?
c. Comment s'appelle le chien ?
d. Effrayé, le chien fait des bonds.

**2 Copie uniquement les phrases interrogatives. Entoure les indices qui t'ont aidé à répondre.**

a. Pourquoi rit-elle ?
b. Le bébé boit son biberon.
c. Où se trouve le livre ?
d. Que fait le pâtissier ?
e. Que transportes-tu ?
f. Nous buvons de l'eau fraiche.

**3 Écris trois phrases interrogatives en mettant les étiquettes dans l'ordre.**

MATÉRIEL

a. veut | Qui | ? | des crêpes
b. prenez | ? | chemin | Quel | vous
c. est arrivé | le bus | ? | Est-ce que

## Je retiens

✓ Pour poser une question, j'utilise la phrase interrogative.

✓ Elle commence par une majuscule et se termine par un point d'interrogation.

**Aimes-tu le chocolat ?**
majuscule point d'interrogation

✓ Quand je lis à voix haute, j'indique la phrase interrogative grâce à l'intonation.

✓ Pour construire une phrase interrogative, je peux utiliser des mots comme :
***est-ce que – où – qui – quand…***

## Je m'entraine

**1** ✪ **Lis cette vignette de bande dessinée et relève les phrases interrogatives.**

E. Omond (scén.) et Yoann (illust.), *Toto l'ornithorynque* (vol. 6), © Éditions Delcourt, 2004.

**2** ✪ **Associe chaque phrase interrogative à sa réponse.**

a. Où va Marie ?
b. Quand Marie part-elle ?
c. Combien Marie a-t-elle de billes ?

1. Elle a vingt billes.
2. Elle va à l'école.
3. Elle part bientôt.

**3** ✪✪ **Copie la phrase intruse et explique ton choix.**

a. Quel âge avez-vous ?
b. Les enfants jouent dans la cour.
c. Pourquoi la fenêtre est-elle ouverte ?
d. Est-ce qu'il pleut ?

**4** ✪✪ **À l'oral, cherche les questions qui ont pour réponses les phrases suivantes.**

a. Nous partons à la piscine.
b. Nos cousins arrivent ce soir.
c. Il travaille vite.
d. Elle veut dormir.

**5** ✪✪ **Relis le texte,** Un carnet « Top secret », **page 28. Relève deux phrases interrogatives.**

## J'écris

**6** **Rédige deux questions que l'on pourrait poser à Toto dans la bande dessinée de l'exercice 1.**

# J'utilise la phrase affirmative et négative

## Je cherche

Peyo, *Schtroumpferies*, t. 1.



- **Relève les paroles du Schtroumpf Grognon. Que remarques-tu ?**
- **Que pourrait dire le Schtroumpf Grognon dans une autre vignette ? Explique ton choix.**
  - a. Moi, j'aime rester tranquille.
  - b. Moi, j'aime bouder dans mon coin.
  - c. Moi, je n'aime pas travailler.
  - d. Moi, je n'aime pas m'amuser.

## Je manipule pour comprendre

**1** MATÉRIEL **Classe les différentes phrases et explique ton classement.**

- Le cheval saute l'obstacle.
- La porte n'est pas fermée.
- Le navire n'entre pas au port.
- Ce gâteau est fameux.
- Il ne ment jamais.
- Le chien n'aboie plus.

**2** **À l'oral, utilise *ne ... pas* pour dire le contraire de chaque phrase affirmative.**

- a. Le feu brûle dans la cheminée.
- b. Le téléphone sonne.
- c. Nina met son bonnet.
- d. L'histoire est amusante.

## Je retiens

✓ La phrase négative dit le contraire de la phrase affirmative.

✓ Pour écrire une phrase négative, j'utilise des mots de négation comme ***ne ... pas, ne ... plus, ne ... jamais*** qui encadrent le verbe.

**La voiture ne démarre pas.**

✓ Si le verbe commence par une voyelle, j'utilise ***n'... pas***.

**La voiture n' avance pas.**

↑ voyelle

## Je m'entraine

**1** ✪ **Copie les phrases et entoure les mots de la négation.**

a. L'enfant n'est pas malade.
b. Le soleil ne brille plus.
c. Ici, il ne pleut jamais.
d. Son jouet ne fonctionne pas.

**2** ✪ **Transforme les phrases affirmatives en phrases négatives comme dans l'exemple.**

*Le prince oublie son épée.* → ***Non**, le prince n'oublie **pas** son épée.*

a. Le loup court vers la forêt.
b. La grand-mère aime la galette.
c. L'enfant cueille des champignons.
d. Le chasseur obéit à la reine.

**3** ✪ **Transforme les phrases négatives en phrases affirmatives comme dans l'exemple.**

*Le jongleur ne réussit pas son tour.* → ***Mais si**, le jongleur réussit son tour.*

a. Le lion n'écoute pas le dompteur.
b. Le cirque ne s'arrête pas ici.
c. Les acrobates ne s'entrainent pas.
d. Le clown n'a pas fini son maquillage.

**4** ✪✪ **Réponds aux questions par une phrase commençant par Non.**

a. La télévision fonctionne-t-elle ? Non, ...
b. Allez-vous à la piscine ? Non, ...

**5** ✪✪ **Relis le texte, Il ne pleut plus..., page 66. Relève trois phrases négatives.**

## J'écris

**6** **À l'aide des illustrations, écris deux phrases négatives.**

# Je reconnais les verbes conjugués

## Je cherche

### Recette des roses des sables

1. Dans une casserole, chauffe 150 g de beurre et 200 g de chocolat noir.
2. Ajoute 125 g de sucre glace et mélange.
3. Verse 175 g de corn-flakes dans la casserole et mélange.
4. Forme des petits tas sur une assiette, et mets l'assiette au réfrigérateur.

- **Relève les mots qui indiquent ce qu'il faut faire dans chaque étape de la recette.**
- **Comment s'appellent ces mots ?**
- **Transforme les phrases en commençant à chaque fois par *Il faut*. Quels sont les mots qui changent ?**

## Je manipule pour comprendre

**1** **Lis la phrase suivante à voix haute, puis transforme-la en remplaçant *En ce moment* par *Hier*, puis par *Demain*.**

En ce moment, je suis à l'école.
→ Hier, …
→ Demain, …

**Quels mots de la phrase changent quand on change le temps ?**

**2** **Remplace, dans les trois phrases de l'exercice 1, *je* par *nous*. Quels mots changent quand on change la personne ?**

**3** **Écris une phrase pour raconter une chose que tu fais à l'école. Utilise un nom, un article, un adjectif et un verbe. Commence ta phrase par :** « À l'école, je… »

## Je retiens

✓ Pour reconnaitre les verbes conjugués, je peux :

– changer le temps (en ajoutant ***hier*** ou ***demain***) et chercher le mot qui change.

**Tu apprends une poésie. → Demain, tu apprendras une poésie.**

– changer la personne et chercher le mot qui change.

**Tu apprends une poésie. → Vous apprenez une poésie.**

Retrouve la maison des **verbes** à la fin de ton manuel.

## Je m'entraine

**1** ✪ **Copie chaque phrase et encadre le verbe.**

a. Le randonneur a de bonnes chaussures.
b. Demain, Imane jouera avec ses amies.
c. Les enfants sont contents.
d. Il choisit la plus grosse pomme.

**2** ✪ **Lisa a écrit une lettre pour raconter ses vacances à ses parents, mais son frère Louis veut la signer aussi. Aide-la à recopier la lettre en remplaçant *je* par *nous*, puis encadre les verbes.**

> Chers parents,
> J'aime beaucoup les vacances à la mer !
> Je saute, je joue sur la plage.
> Je regarde les mouettes. Je pense à vous.
> Lisa.

**3** ✪✪ **À l'oral, transforme ce texte en ajoutant le mot *hier*.**
**Quels sont les mots qui changent ?**

Les jongleurs lancent et rattrapent plusieurs balles en même temps.
L'écuyère fait des acrobaties sur son cheval lancé au galop.
Monsieur Loyal présente les artistes au public.

*Ma première Encyclopédie Larousse 4-7 ans*, © Larousse.

**4** ✪✪ **Écris une phrase avec chacun des verbes conjugués suivants.**

a. vais b. regardera c. dormons d. font

## J'écris

**5** **Écris une phrase pour raconter ce que font les personnages sur cette illustration.**

# Je reconnais les verbes à l'infinitif

## Je cherche

Le grand panda est le champion toutes catégories du temps passé à manger. En effet, il ne mange que des pousses de bambou. Ces plantes ne sont pas très nourrissantes et elles sont très dures à mâcher ! Pour survivre, le grand panda doit donc manger pendant seize heures par jour…

B. Paviet, *La vie des animaux*, © Larousse.

- **Observe les mots surlignés. Comment s'appellent ces mots ?**
- **Voici le début du texte écrit au passé. Que remarques-tu ? Pourquoi ?**

Le grand panda était le champion toutes catégories du temps passé à manger. En effet, il ne mangeait que des pousses de bambou.

## Je manipule pour comprendre

**1** **Paolo explique comment il joue à la passe à cinq avec ses amis. Pour pouvoir y jouer dans la cour, écris la règle du jeu sur une fiche. Commence toutes tes phrases par *Il faut…***

Je lance la balle aux joueurs de mon équipe. Je fais cinq passes pour gagner. J'empêche les joueurs de l'autre équipe de me prendre la balle. Je cours pour attraper la balle. Ensuite, je reste immobile pour la lancer.

**2** **Dans ton texte, entoure les mots qui ont changé. Quelle est la partie de ces mots qui change ?**

**3** **Classe les verbes suivants en deux colonnes. Explique ton classement.**

je mange • regarder • boire • il dort • nous avons • finir

## Je retiens

✓ Parfois, le verbe n'est pas conjugué. On dit qu'il est à l'infinitif. C'est sous cette forme que je le trouve dans le dictionnaire.

✓ Pour trouver l'infinitif d'un verbe, j'utilise ***Il faut***… en début de phrase.

**Je lance un ballon. → Il faut lancer un ballon.**

Retrouve la maison des **verbes** à la fin de ton manuel.

## Je m'entraine

**1** ✪ **Copie le texte. Encadre les verbes à l'infinitif. Explique à l'oral comment tu les as trouvés.**

Il faut bien entretenir son vélo. Il faut s'assurer que les pneus sont bien gonflés et vérifier les freins. Parfois il faut démonter le vélo pour le réparer.

**2** ✪ **Transforme la recette des brochettes de fruits en mettant les verbes à l'infinitif.**

Tu épluches une banane. Tu coupes la banane en rondelles. Tu tranches un kiwi. Tu prends des fraises. Tu enfiles les fruits sur une pique en bois.

**3** ✪✪ **Dans un dictionnaire, les verbes sont écrits à l'infinitif. Trouve le verbe à l'infinitif qui correspond à chaque définition.**

a. avaler du liquide

b. aller à pied

c. mettre une plante dans la terre

d. terminer quelque chose

**4** ✪✪ **Relève l'intrus de chaque série. Explique tes choix.**

a. oublier – jouons – courir – voir

b. dormir – voler – écrire – joli

c. donner – rêver – canapé – cuire

d. observer – regarde – poussent – vois

## J'écris

**5** **La sorcière Kelmisère a renversé de la bave de crapaud sur son grimoire. Imagine la suite de la recette de sa potion magique. Utilise des verbes à l'infinitif.**

# Je repère le sujet

## Je cherche

La chenille **croque** une pomme.

Les chenilles **croquent** une pomme.

Le crapaud **fait** un saut.

Les crapauds **font** un saut.

- **Compare les quatre phrases : quels sont leurs points communs et leurs différences ?**
- **Observe les mots en rouge. À quelle classe ces mots appartiennent-ils ? Les mots en rouge sont-ils toujours écrits de la même façon ?**

## Je manipule pour comprendre

MATÉRIEL

**1** **À partir de ces étiquettes, trouve le plus grand nombre de phrases possible.**

nous | écrivent | les enfants | écrit | vous

écrivons | la maitresse | écrivez

**2** **Classe les étiquettes de l'exercice 1 en deux groupes. Explique ton classement.**

**3** **Remplace le groupe nominal souligné par un autre groupe nominal de ton choix, sans changer le reste de la phrase.**

a. Le chat dort.
b. Les chevaux ont quatre pattes.
c. Le lion court.
d. Les poissons nagent.

## Je retiens

✓ Dans la phrase, le mot qui « commande » le verbe est le sujet.

✓ Si je mets le sujet au pluriel, la terminaison du verbe change.

✓ Pour trouver le sujet dans la phrase, j'utilise ***c'est … qui …*** ou ***ce sont … qui …***

**Le chat mange.** → **C'est le chat qui mange.** (le chat : sujet ; mange : verbe)

**Les chats mangent.** → **Ce sont les chats qui mangent.** (les chats : sujet ; mangent : verbe)

## Je m'entraine

**1** ✪ **À l'oral, transforme ces phrases en utilisant *C'est … qui …* ou *Ce sont … qui …* comme dans l'exemple.**

*Salomé mange un bonbon.* → ***C'est Salomé qui** mange un bonbon.*

a. L'ogre est très méchant.

b. Maceo regardera la télévision.

c. Ma sœur adore le fromage.

d. Hier, les enfants jouaient aux billes.

**2** ✪ **Complète ces phrases en mettant le sujet au pluriel.**

a. La souris sort du trou. → … sortent du trou.

b. La tarte est délicieuse. → … sont délicieuses.

c. L'écolier attend le bus. → … attendent le bus.

**3** ✪✪ **Copie les phrases, et souligne le sujet.**

a. Romy écrit une lettre.

b. Un orage éclatera ce soir.

c. Manuel et Fanny mangent à la cantine.

d. Le chat attrape une souris.

**4** ✪✪ **Réécris ces phrases en mettant le sujet au pluriel.**

a. Le chat regarde la souris.

b. L'abeille butine de bon matin.

c. L'oiseau mange les cerises bien mures.

d. Le pâtissier fait un gâteau.

## J'écris

**5** **Écris trois phrases pour dire ce que les personnages font. Utilise différents sujets.**

# Je reconnais les pronoms personnels (1)

## Je cherche

- **Avec un(e) camarade, lisez les paroles des personnages. Chacun(e) choisit un rôle : Margaux ou Lucas.**
- **Quand Lucas dit** « Tu vas perdre... », **de qui parle-t-il ?**
- **Quand Margaux dit :** « Nous sommes plus nombreuses ! », **de qui parle-t-elle ?**

## Je manipule pour comprendre

**1** **Associe chaque étiquette à la bulle qui convient.**

MATÉRIEL

- Quand la maitresse parle à Vincent, elle lui dit :
- Quand la maitresse parle à Claire et Camille, elle leur dit :
- Quand Claire et Camille parlent à la maitresse, elles lui disent :
- Quand Vincent parle à la maitresse, il lui dit :

- Vous lisez.
- Tu lis.
- Nous lisons.
- Je lis.

**2** **Retrouve le pronom *(je, tu, nous, vous)* qui va avec chaque définition.**

a. C'est celui à qui je parle.
b. C'est moi.
c. Ce sont celles à qui je parle.
d. C'est moi et d'autres personnes.

## Je retiens

✓ Dans un dialogue, j'utilise des pronoms personnels.

✓ Les pronoms ***je*** et ***nous*** désignent les personnes qui parlent.

**Je suis d'accord avec Chloé !**

Les pronoms ***tu*** et ***vous*** désignent les personnes auxquelles on parle.

**Tu as vu Tom ?**

✓ ***Je*** et ***tu*** sont des pronoms singuliers : ils désignent une seule personne.

✓ ***Nous*** et ***vous*** sont des pronoms pluriels :
– ***nous*** désigne « moi et d'autres personnes » ;
– ***vous*** désigne « plusieurs personnes auxquelles je parle ».

Retrouve la maison des **pronoms personnels** à la fin de ton manuel.

## Je m'entraine

**1** ✪ **Copie chaque phrase en la complétant par le pronom qui convient.**

a. Je parle à une amie : « ... as fait un joli dessin ! »

b. Ma sœur et moi parlons à notre père : « ... avons faim ! »

c. Je dis ce que j'ai fait : « ... suis allée à la piscine. »

d. Je parle aux autres élèves de la classe : « ... avez compris ? »

**2** ✪✪ **Relève l'intrus de chaque série. Explique tes choix.**

a. je – lit – tu b. vous – joli – tu c. vous – nous – je

**3** ✪✪ **Dans ce texte, qui est *je* ? Explique ton choix.**

« J'avais raison ! s'écrie Sidonie. C'est vous qui fabriquez le Déliciel, monsieur…
– Caliban, je suis Jérôme Caliban, grand maître chocolatier …
Alors, comment vous le trouvez mon chocolat ? »

J. Alessandrini, *Mystère et chocolat*, © Bayard Éditions.

## J'écris

**4** **Observe cette scène. Rédige les paroles des personnages. Utilise les pronoms personnels *je* et *tu*.**

# Je reconnais les pronoms personnels (2)

## Je cherche

**L'histoire de Poulerousse**

Son amie la tourterelle vient la voir tous les jours. Toc, toc, toc… Elle frappe doucement à la porte. Les deux amies s'embrassent. Ce sont des « cot, cot, cot, cot » et des « oucourou, oucourou » à n'en plus finir.
Elles ont beaucoup de choses à se dire.
Elles s'assoient l'une en face de l'autre.
Elles […] croquent des gâteaux secs.
Elles chantent et jouent aux dominos.

Lida, *Poulerousse*, © Flammarion, 1964.

- **Observe les mots *Elles* surlignés. De qui parle-t-on ?**
- **Dans la phrase : « *Elle frappe doucement à la porte.* », qui est *Elle* ?**
- **À ton avis, comment sait-on s'il faut écrire *elle* ou *elles* ?**

## Je manipule pour comprendre

**1** **Associe chaque dessin à la phrase qui lui correspond.**

MATÉRIEL

a.

b.

c.

d.

Il mange. Elles mangent. Elle mange. Ils mangent.

**Copie les phrases en remplaçant les pronoms personnels par d'autres mots qui permettent aussi de décrire l'image.**

**2** **Écris la liste de tous les pronoms personnels que tu connais.**

## Je retiens

✓ Quand j'écris un texte, pour éviter les répétitions, j'utilise les pronoms personnels *il*, *elle*, *ils*, *elles*.

**Le renard voit la maison de Poulerousse. Il s'approche.**

✓ *Il* et *elle* sont des pronoms au singulier. J'utilise *il* pour remplacer un nom masculin singulier, et *elle* pour remplacer un nom féminin singulier.

**Le garçon joue. → Il joue. La fille joue. → Elle joue.**

✓ *Ils* et *elles* sont des pronoms au pluriel. J'utilise *ils* pour remplacer les noms masculins au pluriel et *elles* pour remplacer les noms féminins au pluriel.

**Les garçons jouent. → Ils jouent. Les filles jouent. → Elles jouent.**

⚠ **Le garçon et la fille jouent. → Ils jouent**

Retrouve la maison des **pronoms personnels** à la fin de ton manuel.

## Je m'entraine

**1** ✪ **Remplace les mots surlignés par le pronom personnel qui convient.**

a. Le petit zèbre pèse plus de 30 kg.

b. La jument allaite son poulain pendant sept à onze mois.

c. Pendant la saison des pluies, les mères trouvent suffisamment d'eau.

d. Les zèbres ont tous des rayures différentes.

**2** ✪✪ **Explique pourquoi le pronom surligné est un intrus.**

a. il – elle – ils  b. elles – elle – ils  c. je – tu – il – elle – nous

**3** ✪✪ **Remplace les pronoms personnels surlignés par des noms.**

a. Elle finit son assiette.

b. Il traversera la forêt.

c. Elles grandissent vite.

d. Ils font un joli dessin.

## J'écris

**4** **Écris une phrase pour décrire ce que fait chaque personnage, en utilisant des pronoms personnels.**

# Je reconnais les noms

## Je cherche

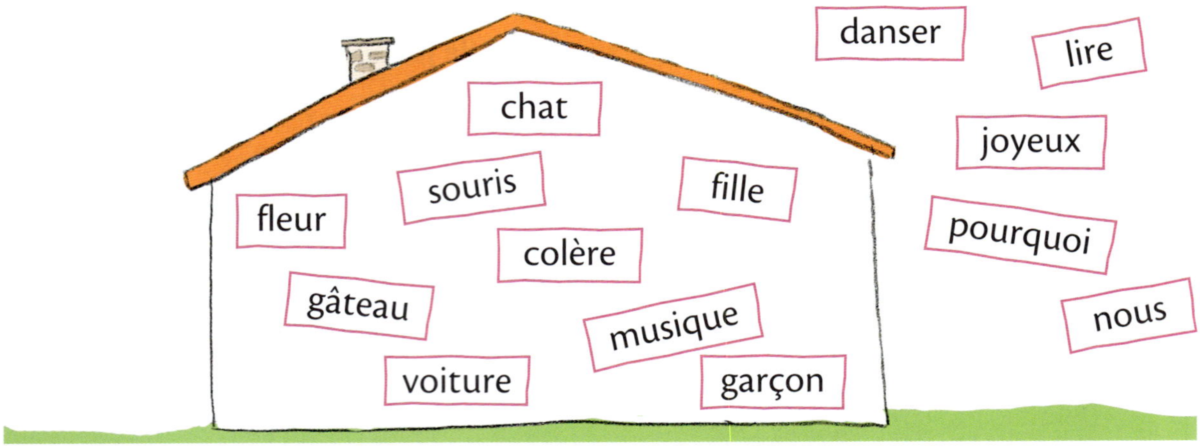


- Des mots sont rangés dans la maison, et d'autres à côté. Explique pourquoi.
- Il y a encore deux mots à classer : ballon et peindre. Où rangerais-tu chacun d'eux ?

## Je manipule pour comprendre

**1** **Observe les noms surlignés en violet. Relève les petits mots qui t'aident à les reconnaitre.**

Le prince Lustucru grandit rapidement et devint en peu de temps un garçon accompli, plein de force et de courage. Quand il eut environ douze ans, le roi son père l'envoya à Rome pour parfaire son éducation. Il entra donc dans une école romaine.

Pierre Gripari, « Histoire de Lustucru », parue dans *Contes de la rue Broca*, © Éditions de la Table ronde, 1967.

**Maintenant, observe les noms soulignés. Explique ce qu'ils ont de particulier.**

**2** **Copie uniquement les noms.**

MATÉRIEL

joli — phrase — cahier — écrire — vite — Vincent — table — partir — dessin — loup

**3** **Invente une phrase avec au moins deux noms de la liste de l'exercice 2.**

## Je retiens

✓ Je reconnais les noms car je peux mettre devant le petit mot *un* ou le petit mot *une*, par exemple.

**chien → un chien** **route → une route**

✓ Certains noms commencent toujours par une majuscule. Ils servent le plus souvent à désigner des personnes, et des lieux (villes, pays…). Ce sont des noms propres.

**Le prince s'appelle Lustucru. Son école est dans la ville de Rome.**

Retrouve la maison des **noms** à la fin de ton manuel.

## Je m'entraine

**1** ✪ **Copie uniquement les noms. Explique comment tu le sais.**

coquillage • sable • nager • serviette • doux • froid • soleil • bronzer

**2** ✪ **Classe les noms du texte en les copiant dans un tableau.**

Filomena adore la classe. À Sitio, son village de Madère, l'école s'est installée il y a seulement deux ans, en 1963.

C. de Lasa, *Je veux aller à l'école*, © Nathan.

| noms communs | noms propres |
|---|---|
| … | … |

**3** ✪✪ **Lis ces deux textes. Copie uniquement les noms.**

Bourgeon

Le bourgeon est un petit bouton d'où vont sortir des feuilles ou des fleurs au printemps.

Écorce

L'écorce est la partie de l'arbre qui recouvre le tronc et les branches.

J. Gourier, *La Forêt*, illustrations de J. Ruillier et L. Herzog, coll. « Kididoc », © Nathan Jeunesse.

**Pour chaque nom, relève l'indice qui t'a permis de le reconnaitre.**

**4** ✪✪ **Trouve un nom :**

a. de fleur – b. d'animal – c. de ville – d. de vêtement – e. de personnage de livre

## J'écris

**5** **Décris cette photo en utilisant différents noms.**

# Je reconnais les déterminants

## Je cherche

Charlotte brosse le cheval.

Mon cheval est blanc.

Ces animaux sont des chevaux.

Ce cheval est magnifique.

- **À quelle classe de mots appartient le mot *cheval* ?**
- **Relève les petits mots qui accompagnent le mot *cheval*.**
- **Remplace le mot *cheval* par le mot *jument*. Que remarques-tu ?**

## Je manipule pour comprendre

**1** MATÉRIEL **Associe chaque déterminant au nom qui convient.**

cette | nos | mon | des | le | une

chevaux | chat | vache | coccinelle | abeilles | chien

**Invente d'autres groupes avec un déterminant + un nom.**

**2** MATÉRIEL **Voici une liste de noms. Écris plusieurs déterminants devant chaque nom.**

école • chevaux • animal • yeux • travail • route • journaux

## Je retiens

- Les noms sont accompagnés d'un petit mot que l'on appelle le **déterminant**.
- Le déterminant sert à préciser si le nom est masculin ou féminin, singulier ou pluriel.
- Je peux donc classer les déterminants de plusieurs façons :

| Déterminants **singuliers** | Déterminants **pluriels** | Déterminants **féminins** | Déterminants **masculins** |
|---|---|---|---|
| **le la l' un une ma ton ce…** | **les des ses ces leurs…** | **la l' une des les ta cette leur…** | **le l' un des les son ce…** |

Retrouve la maison des **déterminants** à la fin de ton manuel.

## Je m'entraine

**1** ✪ **Copie le texte, souligne les noms et entoure les déterminants.**

La moto roule vite. Le motard doit être bien protégé. Il porte un casque, des grosses lunettes, des gants, un blouson de cuir ou une combinaison, des bottes.

A. Vandewiele, *Ça roule*, coll. « Mes petites encyclopédies », © Larousse.

**2** ✪ **Remplace chaque déterminant par un autre déterminant.**

la trousse • mon stylo • ces ciseaux • une règle • des crayons • ce compas

**3** ✪✪ **Relève l'intrus dans chaque liste. Explique comment tu le sais.**

**a.** mon ballon | une poupée | ce livre | le cube

**b.** la carte | une bille | ce tracteur | ma dinette

**c.** mon travail | un animal | les chevaux | ce journal

**4** ✪✪ **Classe ces groupes nominaux. Aide-toi du « Je retiens ».**

le fromage • cette cerise • une purée • tes haricots • des courgettes • l'étoile • l'œuf

## J'écris

**5** **Écris la réponse d'Elsa en t'aidant de l'illustration. Utilise au moins cinq déterminants différents et entoure-les.**

# Je reconnais les adjectifs

## Je cherche

– Attention, poisson ! Tu es suivi par un requin !
– Attention, anguille ! Tu es suivie par un grand requin !
– Attention, crabe ! Tu es suivi par un grand, gros requin !
– Attention, tortue ! Tu es suivie par un grand, gros, horrible requin !
– Attention, pieuvre ! Tu es suivie par un grand, gros, horrible et redoutable requin !

C. Weist, *C'était pour de rire, dit le homard*, trad. A.-H. Thuot, © Gründ.

- **Tu as déjà appris à classer certains mots. Où peux-tu classer le mot *requin* ?**
- **Quels sont les mots qui décrivent comment est le requin ?**

## Je manipule pour comprendre

**1** MATÉRIEL **À l'oral, joue au jeu « Qui est-ce ? » avec ton voisin. Choisis en secret un des personnages. Ton camarade doit deviner de qui il s'agit en te posant des questions.** *Est-il blond ?*

a. b. c. d.

**2** MATÉRIEL **Classe les mots suivants dans les trois maisons. Donne un nom à chaque maison.**

blanc | le | tigre | un | joli | gros

chaton | des | une | long | jupe

**3** **Transforme la phrase suivante en remplaçant les mots en couleur par des mots qui disent le contraire.**

Tu es suivie par un **grand**, **gros**, **horrible** et **redoutable** requin !

## Je retiens

✓ Je reconnais les adjectifs car ils servent à donner des précisions sur le nom. On dit qu'ils le qualifient.

**La girafe est grande.**

**L'ours est fort.**

Retrouve la maison des **adjectifs qualificatifs** à la fin de ton manuel.

## Je m'entraine

**1** ✪ **Copie le texte et souligne les adjectifs.**

La mer est bleue quand elle reflète le ciel. Elle est grise quand le ciel est nuageux. Elle peut aussi être verte ou brune, à cause des algues et des tout petits animaux qui y vivent.

*Ma première Encyclopédie Larousse 4-7 ans*, © Larousse.

**2** ✪ **Remplace les mots en rose par un adjectif qui veut dire la même chose.**

a. C'est un jardin **avec des fleurs**.

b. C'est un chien **qui n'est pas méchant**.

c. La baleine est un animal **qui a la taille d'une maison**.

**3** ✪✪ **Relève l'intrus et explique ton choix.**

a. grand – petit – bille – jolie

b. couper – haut – gentil – belle

**4** ✪✪ **Copie les adjectifs du texte. Ensuite, grâce à eux, tu pourras dessiner très précisément le monstre poilu et sa maison.**

Au milieu d'une sombre forêt, dans une caverne humide et grise, vivait un monstre poilu. Il était laid ; il avait une tête énorme, directement posée sur deux petits pieds ridicules, ce qui l'empêchait de courir.

H. Bichonnier, *Le monstre poilu*, © Éditions Gallimard Jeunesse.

## J'écris

**5** **Décris la maison de la sorcière en utilisant au moins trois adjectifs.**

# Je repère le passé, le présent et le futur

## Je cherche

Aujourd'hui, nous sommes le jeudi 10 novembre.
Je vais à l'école.
Demain sera un jour férié, nous ne travaillerons pas.
Jeudi dernier, c'était le jour de la rentrée.
Avant-hier, j'avais rendez-vous chez le dentiste.
Et mardi prochain, j'irai à la piscine avec Marc.

- **Quelles phrases racontent :**
  **– ce qui se déroule au moment où la petite fille parle ?**
  **– une action qui a déjà eu lieu ?**
  **– un évènement qui se passera plus tard ?**
- **Copie tous les mots qui te renseignent sur le temps.**
  **Classe ces mots en deux colonnes.**

## Je manipule pour comprendre

MATÉRIEL

**1** **Quelle phrase raconte ce qui s'est déjà passé ? ce qui se passera plus tard ? ce qui se passe en ce moment ?**

a. Nous sommes en CE1.

b. Les écureuils faisaient des réserves de noix.

c. Elles iront au cinéma.

**2** **Choisis le début de la phrase qui va bien avec le temps du verbe qui suit. Copie la phrase en entier.**

a. **Autrefois** / **Maintenant** / **Bientôt** : ..., les films étaient en noir et blanc.

b. **Hier** / **Aujourd'hui** / **Demain** : ..., les films sont en couleurs.

c. **Il y a quelques années** / **En ce moment** / **Dans quelques années** : ..., tous les films seront en relief.

## Je retiens

Je reconnais le temps grâce aux verbes et aux mots qui indiquent le temps.

| PASSÉ | PRÉSENT | FUTUR |
| --- | --- | --- |
| *hier* *autrefois* | *en ce moment* *maintenant* | *demain* *plus tard* |
| ↓ | ↓ | ↓ |
| **Elle rêvait.** | **Elle rêve.** | **Elle rêvera.** |

## Je m'entraine

**1** ✪ **Voici des débuts et des fins de phrases. Écris les trois phrases complètes.**

| | |
| --- | --- |
| Maintenant, | je nagerai plusieurs nages différentes. |
| Il y a quelques années, | je nageais avec une bouée. |
| Dans quelques semaines, | je nage dans le grand bassin. |

**2** ✪✪ **Réécris chaque phrase en choisissant le verbe qui convient.**

a. Comme il (**a plu** / **pleuvra**), le chemin est boueux.

b. Depuis le début de l'année, Karim (**sera** / **est**) mon voisin de classe.

**3** ✪✪ **Trace une ligne du temps « passé – présent – futur ». Puis place dessus les verbes écrits en rose.**

a. Maintenant, les élèves **écrivent** avec un stylo.

b. Autrefois, les écoliers **écrivaient** avec un porte-plume.

c. À l'avenir, les écoliers **auront** des tablettes numériques.

**Copie en bleu les mots qui indiquent le temps.**

**4** ✪✪ **Réécris la phrase en changeant le temps.**

a. Aujourd'hui le soleil brille. → **Demain …**

b. Paolo fréquente la même école que moi. → **L'année dernière …**

## J'écris

**5** **Écris une phrase au passé pour raconter ce que tu as fait mercredi dernier. Écris une phrase au futur pour raconter ce que tu feras dimanche prochain.**

# Je me prépare à conjuguer

## Je cherche

Peyo, *Schtroumpferies*, t. 1.



- **Classe les mots qui appartiennent à la langue des Schtroumpfs en deux groupes : les noms (qui peuvent être accompagnés du déterminant *un* ou *une*) et les verbes.**
- **Repère dans les verbes ce qui change.**

## Je manipule pour comprendre

**1** **À l'oral, remplace les verbes des Schtroumpfs par les verbes suivants.**

MATÉRIEL

dépassait   glissa   arrêter   jouait

Schtroumpf Maladroit **schtroumpfait** au bord de la falaise. Tout à coup, il **schtroumpfa**. Heureusement, une branche **schtroumpfait**. Elle réussit à **schtroumpfer** la chute du Schtroumpf Maladroit.

**2** **Copie en bleu la partie du verbe qui ne change pas.**

glisseront   glissais   glissent   glisse   glissa

## Je retiens

✓ Pour fabriquer un verbe conjugué, je dois assembler deux parties : le **radical** et la **terminaison**.

**elle regarde – ils regardent – il regardait**

✓ Le **radical** est la partie du verbe conjugué qui ne change pas et qui donne le sens du verbe.

✓ La **terminaison** est la partie du verbe conjugué qui change en fonction du temps et du sujet qui le commande.

## Je m'entraine

**1** ✪ **Associe ces phrases deux par deux.**
**Copie-les et souligne les mots qui font changer les verbes.**

**a.** Le Schtroumpf **habite** dans un village de champignons.
**b.** Ils **parlent** une langue particulière.
**c.** Les Schtroumpfs **habitent** dans un village de champignons.
**d.** Il **parle** une langue particulière.

**2** ✪✪ **Explique ce qui fait changer le verbe dans les phrases suivantes.**

**a.** Le spectacle **commence** à 22 heures. Dans quelques minutes, le feu d'artifice **commencera**.

**b.** Hier, les ouvriers **ont installé** les barrières de sécurité. Dès 21 heures, les spectateurs **installent** les chaises.

**3** ✪✪ **Reconstitue trois phrases. Écris-les, puis souligne le radical des verbes en bleu et entoure les terminaisons en rouge.**

| | | |
|---|---|---|
| Les jardiniers | | -e. |
| La pluie | arros- | -ent. |
| Les paysans | | -aient. |

## J'écris

**4** **Observe cette scène.**
**Écris une phrase avec *trouve* et une phrase avec *trouvent*.**

# Je conjugue les verbes en *-er* au présent avec *nous* et *vous*

## Je cherche

- **Lis la règle du jeu. Classe les mots surlignés. Explique ton classement. Que remarques-tu ?**
- **Explique pourquoi ces mots changent.**

## Je manipule pour comprendre

**1** **Copie ces verbes. Souligne le radical et entoure la marque de personne.**

nous comptons — vous comptez — nous cachons

vous cachez — nous trouvons — vous trouvez

**Écris l'infinitif de ces verbes et souligne le radical. Que remarques-tu ?**

**2** **Associe ces étiquettes pour construire tous les verbes possibles. Écris-les.**

MATÉRIEL

-ons — vous — -ez — march- — nous — galop- — trott-

**Souligne le radical en bleu et entoure la terminaison en rouge.**
**Que remarques-tu ?**

## Je retiens

✓ Pour conjuguer au présent un verbe qui se termine par ***-er***, j'ajoute au radical la terminaison du présent :
– avec le pronom ***nous***, j'écris la marque de personne **-ons** : **nous chantons** ;
– avec le pronom ***vous***, j'écris la marque de personne **-ez** : **vous chantez**.

## Je m'entraine

**1** ✪ **Réécris chaque phrase en choisissant le verbe qui convient.**

a. Vous (**demander** / **demandez** / **demandé**) le prix du livre.
b. Vous (**ramasser** / **ramassez** / **ramassé**) des champignons.

**2** ✪ **Réécris chaque phrase en retrouvant ce qui a été caché.**

a. Nous part▬ en vacances.
b. Vous pli▬ le linge.
c. Nous prépar▬ les valises.
d. Vous attach▬ vos sacs à dos.

**3** ✪✪ **Complète chaque série avec trois verbes de ton choix.**

a. nous arrosons – nous plantons – nous coupons – … – … – …
b. vous écoutez – vous regardez – vous dessinez – … – … – …

**4** ✪✪ **Écris les verbes *visiter* et *réparer* au présent, avec les pronoms *nous* et *vous*.**

**5** ✪✪ **Réécris ces phrases en remplaçant le pronom sujet par le pronom indiqué entre parenthèses.**

a. Nous chantons du matin au soir. (Vous)
b. Vous dansez tous les mardis. (Nous)
c. Nous marchons sur la plage. (Vous)
d. Vous collez du papier peint sur les murs (Nous)

## J'écris

**6** **Écris ce que les enfants disent à leur père. Puis écris ce que le papa dit à ses enfants.**

# Je conjugue les verbes en *-er* au présent avec *je* et *tu*

## Je cherche

- **Lis les phrases et compare les mots surlignés. Que remarques-tu ?**
- **Explique pourquoi ces mots changent.**

## Je manipule pour comprendre

**1** **Lis ces phrases à voix haute.**

a. Je découpe une fleur. Tu découpes une fleur.

b. Tu colles une gommette. Je colle une gommette.

c. Je déchire une page. Tu déchires une page.

**Compte les différences que tu entends. Écris ce nombre.**
**Compte les différences que tu vois. Écris ce nombre. Que remarques-tu ?**

**2** **Associe ces étiquettes pour construire tous les verbes possibles. Écris-les.**

MATÉRIEL

je | tu | gratt- | gliss- | tomb- | -e | -es

**Souligne le radical en bleu et entoure la terminaison en rouge.**
**Que remarques-tu ?**

## Je retiens

✓ Pour conjuguer au présent un verbe qui se termine par ***-er***, j'ajoute au radical la terminaison du présent :
– avec le pronom ***je***, j'écris la marque de personne **-e** : **je chante** ;
– avec le pronom ***tu***, j'écris la marque de personne **-es** : **tu chantes**.

⚠ Ces deux verbes se prononcent de la même façon, mais ils ne s'écrivent pas pareil.

## Je m'entraine

**1** ✪ **Copie les verbes. Souligne le radical et entoure la marque de personne.**

tu arroses — je plante — je creuse — tu ratisses

**2** ✪ **Choisis le verbe conjugué qui convient et copie la phrase.**

a. Tu (**aime** / **aimes**) la musique.
b. Je (**porte** / **portes**) une robe.
c. Tu (**chante** / **chantes**) à tue-tête.
d. Je (**range** / **ranges**) mes jouets.

**3** ✪ **Réécris les phrases en commençant par le pronom indiqué.**

a. Je plante des graines et j'arrache les mauvaises herbes → Tu …
b. Tu retournes la terre et tu arroses la pelouse → Je …

**4** ✪✪ **Relève l'intrus dans chaque liste.**

a. je cueille — j'épluche — je lave — tu rinces — je mange
b. tu chuchotes — tu hurles — je crie — tu épluches

**5** ✪✪ **Continue les listes en ajoutant deux verbes.**

a. tu tournes – tu passes – tu cries – … – …
b. je coupe – je dessine – je roule – … – …
c. nous roulons – nous pédalons – nous freinons – … – …

## J'écris

**6** **Écris ce que la fille et le garçon disent à leur maman.**

# Je conjugue les verbes en *-er* au présent avec *il*, *elle* et *ils*, *elles*

## Je cherche

| La sportive s'élance sur la piste. Elle saute dans le sable. | Les sportives s'élancent sur la piste. Elles sautent dans le sable. |
|---|---|

- **Compare les deux textes : que remarques-tu ?**
- **Pourquoi les mots surlignés changent-ils ?**

## Je manipule pour comprendre

**1 Lis ces phrases à voix haute.**

a. Le nageur plonge au signal. Les nageurs plongent au signal.

b. La gymnaste danse sur le tapis. Les gymnastes dansent sur le tapis.

**Compte les différences que tu entends. Écris ce nombre.**
**Compte les différences que tu vois. Écris ce nombre.**
**Que remarques-tu ?**

**2 Observe les verbes conjugués. Copie la partie du verbe qui ne change pas.**

Il saute. • Tom et Léo sautent. • Les oiseaux chantent. • Il chante.

**3 Remplace les sujets surlignés en bleu par le pronom de conjugaison qui convient.**

il elle ils elles

a. Les enfants adorent ce spectacle.

b. La musique résonne dans le stade.

c. Le bébé tape dans ses mains.

d. Les sportives défilent.

## Je retiens

✓ Pour conjuguer au présent un verbe qui se termine par ***-er***, j'ajoute au radical la terminaison du présent :

– avec les pronoms ***il/elle***, j'écris la marque de personne **-e** : **il/elle joue** ;

– avec les pronoms ***ils/elles***, j'écris la marque de personne **-ent** : **ils/elles jouent**.

⚠ Ces verbes se prononcent de la même façon mais ne s'écrivent pas pareil.

**tu sautes – il saute – ils sautent**

## Je m'entraine

**1** ✪ **Souligne le radical et entoure la marque de personne.**

ils lancent • elle avance • elles marchent • il recule

**2** ✪ **Lis la conjugaison du verbe *marcher* à voix haute. Classe chaque verbe dans le tableau.**

je marche • tu marches • il / elle marche • nous marchons • vous marchez • ils / elles marchent.

| verbes qui se prononcent de la même façon | verbes qui ne se prononcent pas de la même façon |
|---|---|
| ... | ... |

**3** ✪ **Choisis le sujet qui convient et réécris la phrase.**

a. (Je / Les infirmières) travaillent tous les jours.

b. (Le garagiste / Tu) répare le tracteur.

c. (Je / Tu) marche sur un fil.

**4** ✪✪ **Écris une phrase avec les sujets** la directrice les fermiers **.**

**5** ✪✪ **Complète chaque liste en ajoutant un verbe conjugué de ton choix.**

a. ils chantent – elles crient – elles roulent – ...

b. il cloue – elle dessine – il coupe – ...

## J'écris

**6** **Choisis le sportif que tu préfères. Décris-le en utilisant des verbes au présent :**

***patiner*** – ***rouler*** – ***glisser*** – ***pédaler***.

# Je conjugue des verbes fréquents au présent avec *je* et *tu*

## Je cherche

Chère mamie,

Je suis en vacances à la campagne chez tonton et tata.
Je fais du vélo tous les jours. Je n'ai pas le temps de m'ennuyer. Chaque matin, je vais à la boulangerie tout seul à pied pour acheter du pain. Est-ce que tu viens nous voir bientôt ? Je te dis au revoir et te fais de gros bisous.

Maxime

- Comment appelle-t-on ce texte ? Qui l'a écrit ? À qui s'adresse-t-il ? Quels pronoms sont utilisés ?
- Trouve l'infinitif des verbes surlignés.
- Combien y a-t-il de verbes différents ?

## Je manipule pour comprendre

MATÉRIEL

**1** **Lis ces étiquettes en faisant bien attention à ce que tu entends et à ce que tu vois. Classe-les en deux groupes selon tes remarques.**

je suis | je fais | j'ai | je vais | je viens

tu es | tu fais | tu as | tu vas | tu viens

**Choisis des titres pour chaque groupe parmi ceux qui sont proposés.**

Je vois une partie commune. | Je ne vois pas une partie commune.

J'entends une partie commune. | Je n'entends pas une partie commune.

**2** **Choisis le sujet qui convient, *je* ou *tu*, pour compléter ces phrases. Que remarques-tu ?**

a. … fais des bêtises.

b. … as un joli stylo.

c. … es en avance.

d. … viens de loin.

## Je retiens

✓ Les verbes ***être***, ***avoir*** et ***aller*** conjugués au présent avec les pronoms ***je*** et ***tu*** ont des formes conjuguées qui changent beaucoup.

| ÊTRE | AVOIR | ALLER |
|---|---|---|
| je suis | j' ai | je vais |
| tu es | tu as | tu vas |

✓ Pour conjuguer les verbes ***faire***, ***dire***, ***venir*** au présent avec les pronoms ***je*** et ***tu***, j'ajoute au radical la marque de personne **-s**.

| FAIRE | DIRE | VENIR |
|---|---|---|
| je fais | je dis | je viens |
| tu fais | tu dis | tu viens |

⚠ Tous ces verbes conjugués avec ***je*** et ***tu*** se terminent par **-s** sauf **j'ai**.

## Je m'entraine

**1** ✪ **Écris l'infinitif du verbe en couleur.**

a. Je **vais** au bord de la mer chaque été.
b. J'**ai** beaucoup de chance.
c. Tu **viens** avec moi.
d. Tu **es** drôle.
e. Je **dis** des blagues.
f. Tu **fais** des tours de magie.

**2** ✪ **Associe le pronom surligné aux verbes conjugués qui conviennent.**

a. je … : vais – dis – suis – vas – es
b. tu … : vais – viens – fais – vas – es

**3** ✪ **Complète les phrases avec le verbe qui convient : *es* ou *ai***

a. Tu … une bonne joueuse de tennis, tu … en pleine forme.
b. J'… du plaisir à te regarder jouer.

**4** ✪✪ **Réécris les phrases en utilisant le pronom surligné.**

J'ai sept ans. Je suis en CE1. Maintenant, je vais seule à l'école à pied avec une voisine. Je fais 500 mètres environ. → Tu …

## J'écris

**5** **Écris le portrait de ton meilleur ami ou de ta meilleure amie. Utilise les verbes *être*, *avoir*, *faire* au présent.**

# Je conjugue des verbes fréquents au présent avec *nous* et *vous*

## Je cherche

- **Copie chaque verbe surligné. Puis écris son infinitif à côté.**
- **Entoure toutes les différences que tu vois entre les formes conjuguées et l'infinitif.**

## Je manipule pour comprendre

MATÉRIEL

**1** **Lis ces étiquettes en faisant bien attention à ce que tu entends et à ce que tu vois. Classe-les en deux groupes selon tes remarques.**

| | | | |
|---|---|---|---|
| nous allons | nous faisons | nous sommes | nous venons |
| nous avons | nous disons | vous allez | vous faites |
| vous êtes | vous venez | vous avez | vous dites |

**Choisis des titres pour chaque groupe parmi ceux qui sont proposés.**

Je vois une partie commune. — Je ne vois pas une partie commune.

J'entends une partie commune. — Je n'entends pas une partie commune.

**2** **Entoure les marques de personne que tu reconnais. Que remarques-tu ?**

## Je retiens

✓ Les verbes ***être***, ***faire*** et ***dire*** conjugués au présent avec les pronoms ***nous*** et ***vous*** ont des formes conjuguées qui changent beaucoup.

| ÊTRE | FAIRE | DIRE |
|---|---|---|
| **nous sommes** | **nous faisons** | **nous disons** |
| **vous êtes** | **vous faites** | **vous dites** |

✓ Pour conjuguer au présent les verbes ***avoir***, ***aller*** et ***venir***, j'ajoute au radical la terminaison du présent :
– avec le pronom ***nous***, j'écris la marque de personne **-ons** ;
– avec le pronom ***vous***, j'écris la marque de personne **-ez**.

| AVOIR | ALLER | VENIR |
|---|---|---|
| **nous avons** | **nous allons** | **nous venons** |
| **vous avez** | **vous allez** | **vous venez** |

## Je m'entraine

**1** ✪ **Choisis huit verbes conjugués et associe-les à leur infinitif.**

avons • êtes • faites • as • dites • viens • es • faisons • allons • ai • sommes
allez • vas • avez • suis • vais • fais • disons • venons • venez • dis

avoir | être | aller | dire | venir | faire

**2** ✪ **Conjugue les verbes entre parenthèses au présent. Écris les phrases obtenues.**

a. Vous … (aller) dans une nouvelle ville et vous … (avoir) un plan.
b. Vous … (faire) une promenade à pied. Vous … (être) fatigués.
c. Nous … (dire) au revoir à nos amis et nous … (être) tristes de les quitter.

**3** ✪✪ **Relève l'intrus. Explique ton choix.**

a. dites – disons – faisons – avons
b. faites – dites – vais – êtes
c. sommes – dites – allons – venons
d. allez – viens – dites – avez

## J'écris

**4** **Observe cette scène. Puis complète chaque bulle en utilisant le verbe *faire* au présent.**

# Je conjugue des verbes fréquents au présent avec *il, elle* et *ils, elles*

## Je cherche

### LES ABEILLES EN DANGER !

Comme tous les insectes, les abeilles **ont** six pattes et deux paires d'ailes. Incapables de vivre seuls, ces animaux **font** partie d'une colonie très organisée. La reine est la seule à pondre des œufs. Les butineuses[1] **vont** et **viennent** entre les fleurs et la ruche pour rapporter du nectar, du pollen et de l'eau afin de nourrir les larves. Les apiculteurs[2] **disent** que les abeilles **sont** victimes des produits chimiques déversés dans la nature.

1. Abeilles qui visitent les fleurs pour y chercher la nourriture pour la ruche.
2. Personnes qui élèvent les abeilles pour récolter du miel.

- **Remplace les sujets surlignés par le pronom qui convient et copie les verbes conjugués qu'ils accompagnent. Que remarques-tu ?**
- **Écris ces pronoms et ces verbes au singulier.**

## Je manipule pour comprendre

**1** **Lis ces étiquettes en faisant bien attention à ce que tu entends et à ce que tu vois. Classe-les en deux groupes selon tes remarques.**

MATÉRIEL

elles sont | elles ont | elles vont | ils font | elles viennent | ils disent

elle est | elle a | elle va | il fait | elle vient | il dit

**Associe des titres à chaque groupe parmi ceux qui sont proposés.**

Je vois une partie commune. | Je ne vois pas une partie commune.

J'entends une partie commune. | Je n'entends pas une partie commune.

**2** **Entoure les marques de personne que tu reconnais. Que remarques-tu ?**

## Je retiens

✓ Les verbes ***être***, ***dire***, ***faire*** et ***venir*** conjugués au présent avec les pronoms ***il*** ou ***elle*** ont une marque de personne en **-t**.

**il/elle est – il/elle dit – il/elle fait – il/elle vient**

✓ Les verbes ***aller*** et ***avoir*** se terminent par **-a.**

**il/elle va – il/elle a**

✓ Les verbes ***aller***, ***avoir***, ***être***, ***dire***, ***faire*** et ***venir***, conjugués au présent avec les pronoms ***ils*** ou ***elles*** ont une marque de personne en **-nt**.

**ils/elles vont – ils/elles ont – ils/elles sont – ils/elles disent – ils/elles font – ils/elles viennent**

## Je m'entraine

**1** ✪ **Écris l'infinitif de chaque verbe surligné.**

a. Les promeneurs vont dans les bois ramasser des champignons.
b. Ils font très attention.
c. Les marcheurs ont des paniers peu remplis.
d. Ils sont quand même contents de leur balade dans la nature.

**2** ✪ **Choisis le verbe qui convient et copie la phrase.**

a. Simon (**dis** / **dit**) un secret à son meilleur ami.
b. Ils se (**dit** / **disent**) des choses amusantes à voix basse.
c. Tu (**viens** / **vient**) à mon anniversaire samedi prochain.
d. Mes cousins (**vient** / **viennent**) juste de me répondre.

**3** ✪✪ **Complète ces phrases en utilisant les verbes *avoir* ou *être* au présent.**

a. L'écureuil ... un petit animal très répandu en France.
b. C'... un habitant discret de nos forêts. Sa fourrure ... rousse.
c. Il ... une queue en panache. Les écureuils ... des animaux protégés.
d. Tu ... la possibilité d'en apercevoir si tu ne fais pas de bruit.

**4** ✪✪ **Écris une phrase avec *ont* et *font*.**

## J'écris

**5** **Observe cette scène. Écris une phrase pour expliquer ce que fait chacun. Utilise le verbe *faire* au présent.**

# Je conjugue les verbes en *-er* à l'imparfait avec *nous* et *vous*

## Je cherche

- **Ces phrases expriment-elles le passé (avant), le présent (en ce moment) ou le futur (après) ?**
- **Quelle partie du verbe te renseigne ?**
- **Copie les verbes conjugués à l'imparfait. Transforme-les au présent et compare-les avec les formes conjuguées à l'imparfait. Que remarques-tu ?**

## Je manipule pour comprendre

**1** **Écris la marque de personne qui correspond à chaque pronom.**

nous → … vous → …

**2** **Copie les verbes dans lesquels tu reconnais la marque de temps de l'imparfait. Entoure cette marque en vert.**

nous chuchotions • vous murmurez • nous hurlons • vous chantiez • nous bavardions

**3** **Copie ces verbes conjugués à l'imparfait. Entoure la marque de temps en vert et la marque de personne en rouge.**

nous lavions • vous épluchiez • nous découpions • vous arrosiez

## Je retiens

- L'imparfait est un temps qui est utilisé pour parler du passé.
- Pour conjuguer à l'imparfait les verbes en ***-er*** avec les pronoms ***nous*** et ***vous***, j'écris le radical du verbe, puis j'ajoute la terminaison de l'imparfait : la marque de temps **-i-** et la marque de personne **-ons** ou **-ez**.

**nous parlions – vous parliez**

## Je m'entraine

**1** ✪ **Copie ces verbes en écrivant la marque du temps en vert et la marque de la personne en rouge.**
*Attention, il y a un intrus !*

grimpions • rampiez • sautions • marchons • tombiez

**2** ✪ **Réécris chaque phrase en choisissant le verbe qui convient.**

**a.** L'été dernier, nous (**achetons** / **achetions**) souvent des fruits au marché.

**b.** L'année dernière, vous (**déjeunez** / **déjeuniez**) avec vos cousins tous les mercredis.

**3** ✪ **Associe ces étiquettes pour construire le plus possible de verbes à l'imparfait. Écris-les.**
*Attention, il y a des étiquettes inutiles !*

nous | vous | **-i-** | avaler | **-ons** | aval- | **-ez**

**4** ✪✪ **Malika a fait des taches sur son cahier. Aide-la à recopier proprement son texte en trouvant ce qui est caché sous les taches.**

Pour aller à la piscine, vous march▬ longtemps. Vous travers▬ le boulevard devant la pharmacie. Quelquefois, ma sœur et moi, nous demand▬ à venir avec vous.

**5** ✪✪ **Réécris ce texte à l'imparfait.**

À la récréation, nous **jouons** souvent à chat-statue. Nous nous **promenons** dans tous les sens à l'intérieur du terrain. Touchés par le chat, nous nous **transformons** en statue et nous **restons** immobiles.

## J'écris

**6** **Écris en quelques lignes à quels jeux vous jouiez, tes camarades et toi, lorsque vous étiez en récréation au CP. Utilise le pronom *nous*.**

# Je conjugue les verbes en *-er* à l'imparfait avec *je, tu et il, elle, ils, elles*

## Je cherche

Au Moyen-Âge, les seigneurs **habitaient** des châteaux fortifiés. Ils **passaient** leurs journées à chasser et à se préparer pour la guerre. Ils protégeaient les paysans qui cultivaient leurs terres et élevaient des animaux pour eux.

Les rois et les reines **portaient** souvent de drôles de surnoms qui rappelaient leur caractère ou leur physique.

- **Le temps des verbes en couleur sert-il à raconter des choses du passé, du présent ou du futur ?**
- **Quelle partie du verbe te renseigne ?**
- **Copie les verbes à l'imparfait qui sont en couleur. Transforme-les au présent et compare-les avec les formes conjuguées à l'imparfait. Que remarques-tu ?**

## Je manipule pour comprendre

**1** **Voici des étiquettes avec des verbes conjugués à l'imparfait. Lis ces verbes à voix haute. Que remarques-tu dans ce que tu entends ?**

MATÉRIEL

elles levaient | ils dansaient | tu portais | il donnait | elle jonglait | je jouais

**Classe ces étiquettes et explique ton classement.**

**2** **Écris la marque de personne qui correspond à chaque pronom.**

je → …  tu → …  il / elle → …  ils / elles → …

**3** **Copie ces verbes conjugués à l'imparfait. Entoure la marque de temps en vert et la marque de personne en rouge.**

il creusait • je grattais • elle soufflait • tu arrosais • elles plantaient

**4** **Groupe les formes conjuguées du verbe *parler* à l'imparfait qui se prononcent de la même façon. Écris-les.**

## Je retiens

✓ Pour conjuguer à l'imparfait les verbes en ***-er*** avec les pronoms ***je***, ***tu*** et ***il***, ***elle***, ***ils***, ***elles***, j'écris le radical du verbe, puis j'ajoute la terminaison de l'imparfait : la marque de temps **-ai-** et la marque de personne **-s** ou **-t** ou **-ent**.

**je/tu parlais** **il/elle parlait** **ils/elles parlaient**

## Je m'entraine

**1** ✪ **Copie ces verbes en écrivant le radical en bleu, la marque du temps en vert et la marque de la personne en rouge.** *Attention, il y a un intrus !*

volais • rampait • sautais • roule • dégringolaient • accrochait

**2** ✪ **Ajoute un verbe pour continuer chaque liste.**

a. elle parlait, elle chantait, elle dansait,...

b. ils parlaient, ils chantaient, ils dansaient,...

**3** ✪✪ **Associe ces étiquettes pour construire tous les verbes possibles à l'imparfait. Écris-les.** *Attention, il y a des étiquettes inutiles !*

je | découper | tu | -ai- | coller | -s | découp- | coll- | -i-

**4** ✪✪ **Indique dans quels textes on utilise l'imparfait. Explique tes choix.**

a. Petit, j'observais souvent une fourmilière au fond de mon jardin. Les ouvrières marchaient les unes derrière les autres. Elles creusaient parfois d'immenses galeries sous la terre.

b. Pour fabriquer des tampons, prends des éponges, dessine la forme de ton choix, puis découpe en suivant les contours.

c. Les dinosaures vivaient à l'époque de la préhistoire. Certains mangeaient de la viande, et d'autres préféraient les plantes.

## J'écris

**5** **Observe le dessin et raconte comment vivaient les hommes de la préhistoire, et ce qu'ils faisaient. Tu utiliseras l'imparfait.**

# Je conjugue les verbes *être* et *avoir* à l'imparfait

## Je cherche

- **Ces textes expriment-il le passé, le présent ou le futur ?**
- **Copie les verbes conjugués et leurs sujets. Classe-les selon leur infinitif. Que remarques-tu ?**

## Je manipule pour comprendre

**1** **Réécris cette phrase à l'imparfait à toutes les personnes.**
- **Écris les verbes les uns sous les autres.**

Quand **j'avais** 5 ans, **j'étais** à l'école maternelle.

Quand **tu**…

- **Entoure en vert les marques du temps et en rouge les marques des personnes de l'imparfait que tu reconnais.**
- **Écris le radical du verbe *être* conjugué à l'imparfait.**
- **Écris le radical du verbe *avoir* conjugué à l'imparfait.**

**2**
- **Groupe les formes du verbe *être* conjugué à l'imparfait qui se prononcent de la même manière. Écris-les.**
- **Groupe les formes du verbe *avoir* conjugué à l'imparfait qui se prononcent de la même manière. Écris-les.**

## Je retiens

✓ Pour conjuguer les verbes *être* et *avoir* à l'imparfait, j'écris le radical du verbe, puis j'ajoute la terminaison de l'imparfait : la marque de temps **-ai-** ou **-i-** et les marques de personnes **-s**, **-t**, **-ent**, **-ons**, **-ez**.

| AVOIR | ÊTRE |
| --- | --- |
| **j'avais – tu avais** | **j'étais – tu étais** |
| **il/elle avait – ils/elles avaient** | **il/elle était – ils/elles étaient** |
| **nous avions – vous aviez** | **nous étions – vous étiez** |

## Je m'entraine

**1** ✪ **Copie les phrases qui comportent les verbes *être* ou *avoir* à l'imparfait.**
Il était une fois une boule orange très étrange. Elle avait une large bouche, deux gros yeux brillants. Une bougie brulait à l'intérieur. C'était une citrouille d'Halloween.

**2** ✪ **Relève toutes les formes conjuguées à l'imparfait des verbes *être* et *avoir*.**
L'homme préhistorique était avant tout un chasseur. Les premiers objets fabriqués par lui étaient des armes et des outils. Il en avait besoin pour découper les animaux et enlever leur peau. Il mangeait aussi les fruits et les champignons qu'il trouvait dans la nature.

**3** ✪ **Complète cette devinette en conjuguant les verbes *être* et *avoir* à l'imparfait.**
Il ... un pied, mais il n'... pas de jambe. C'... un champignon.

**4** ✪✪ **Copie chaque phrase en choisissant le verbe conjugué qui convient.**
a. Il (avais / avait / avaient) faim.
b. Tu (étais / était / étaient) au stade.
c. Elles (avais / avait / avaient) raison.
d. Ils (étais / était / étaient) en nage.

**5** ✪✪ **Réécris ce texte à l'imparfait.**
Mon chien et mon chat sont amis. Ils ont toujours envie de se retrouver dans le salon. Mon chat est malicieux et mon chien a toujours beaucoup d'énergie pour jouer.

## J'écris

**6** **Invente un court texte en utilisant au moins trois formes verbales du coffre.**

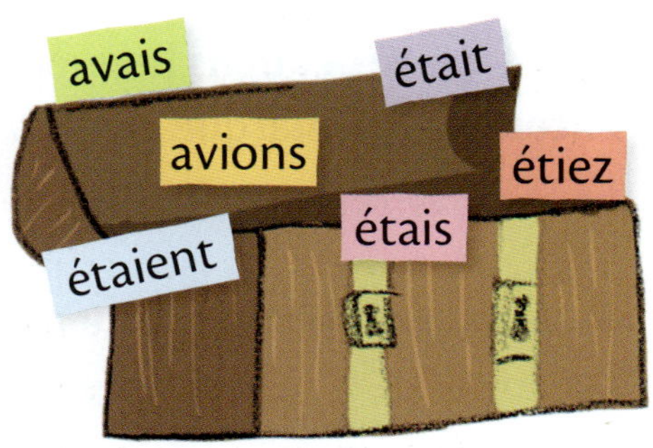

# Je conjugue les verbes en *-er* au futur avec *nous* et *vous*

## Je cherche

Chers parents,

Voici les dernières informations sur notre sortie de fin d'année. Nous nous retrouverons sur la place devant l'école à 8h15. Vous veillerez à être bien à l'heure. Nous monterons dans le car à 8h30 précises. À Amboise, nous commencerons par la visite du château. Puis nous marcherons jusqu'au Clos Lucé, la demeure de Léonard de Vinci. Nous visiterons ce musée et son parc l'après-midi.

Vous récupérerez vos enfants vers 16h30, sur le parking de l'école.

L'enseignante de la classe de CE1

- **Quel est ce type d'écrit ? Qui l'a écrit ? Pour qui ? Dans quel but ?**
- **Ce texte parle-t-il du passé ? du présent ? du futur ?**
- **Copie ces verbes conjugués au futur : *nous monterons* – *vous récupérerez* – *nous visiterons* – *vous veillerez*. Tranforme-les au présent et compare-les avec les formes conjuguées au futur. Que remarques-tu ?**

## Je manipule pour comprendre

**1** **Copie les verbes, souligne le radical et entoure la marque de personne. Que reconnais-tu ?**

visiterons • fêterez • allumerons • dégusterez • soufflerons • aiderez

**2** **Copie les verbes dans lesquels tu reconnais la marque du temps du futur. Entoure cette marque en vert.**

nous arriverons • vous cuisinez • nous avalons • vous rentrerez

**3** **Associe ces étiquettes pour construire tous les verbes possibles conjugués au futur. Écris-les.**

MATÉRIEL

nous | vous | saut- | nag- | -er- | -ez | -ons

## Je retiens

✓ Pour conjuguer au futur les verbes en ***-er*** avec les pronoms ***nous*** et ***vous***, j'écris le radical du verbe, puis j'ajoute la terminaison du futur : la marque de temps **-er-** et la marque de personne **-ons** ou **-ez**.

**marcher : nous marcherons – vous marcherez**

⚠ Certains verbes conjugués se prononcent de la même façon mais ne s'écrivent pas pareil.

**je marcherai – vous marcherez**

## Je m'entraine

**1** ✪ **Relève uniquement les verbes en *-er* qui sont conjugués au futur.**

Dès que vous **arriverez** à la gare, vous me **téléphonerez**. Je **prendrai** le bus et **viendrai** vous rejoindre. Nous **visiterons** le centre-ville et nous **rentrerons** à la maison ensuite.

**2** ✪ **Réécris ce texte en choisissant les verbes conjugués qui conviennent.**

Pendant que nous (**préparerons** / **prépareront**) le repas, vous (**rangerai** / **rangerez**) votre chambre. Ensuite nous (**regarderont** / **regarderons**) vos leçons pour la semaine prochaine.

**3** ✪ **Réécris les phrases en ajoutant *demain* quand cela est possible.**

a. Nous regarderons un film.

b. Vous participerez au match.

c. Nous avons apprécié le spectacle.

d. Vous assisterez au concert.

**4** ✪✪ **Réécris chaque phrase en utilisant le pronom surligné.**

a. La semaine prochaine, vous **aménagerez** un aquarium.
→ Nous

b. Vous **pêcherez** des crevettes avec une épuisette.
→ Nous

## J'écris

**5** **Écris un court texte qui explique ce que nous ne ferons plus dans le futur si des robots nous apportent leur aide.**

Grâce aux robots, nous ne …

# Je conjugue les verbes en *-er* au futur avec *je* et *tu*

## Je cherche

- **Luc a affiché des étiquettes au tableau. À ton avis, quel est leur point commun ?**
- **Luc prépare deux autres étiquettes :** je dessinerai | tu découpes

**Doit-il les afficher au tableau ou les laisser sur la table ? Explique pourquoi.**

## Je manipule pour comprendre

**1** **Souligne le radical des verbes conjugués au présent. Puis retrouve ce radical dans les verbes conjugués au futur. Que remarques-tu ?**

a. Ce matin, je **prépare** mon sac de piscine. Demain, je **préparerai** mon sac de rugby.

b. Pour finir notre cabane, tu **apportes** des clous et un marteau. Plus tard, tu **apporteras** une planche pour faire la porte.

**2** **Copie les verbes. Dans les terminaisons en gras, sépare la marque du temps et la marque de la personne par un trait.**

| | | |
|---|---|---|
| je vis**erai** | tu lanc**eras** | tu ramass**eras** |
| tu vis**eras** | je lanc**erai** | je ramass**erai** |

**3** **Lis les verbes conjugués. Copie seulement ceux qui sont au futur.**

MATÉRIEL

*Fais attention à ce que tu vois et à ce que tu entends.*

je galoperais | je reculerai | je terminais | tu pointeras | tu verseras

## Je retiens

✓ Pour conjuguer au futur les verbes en ***-er*** avec les pronoms ***je*** et ***tu***, j'écris le radical du verbe, puis j'ajoute la terminaison du futur : la marque de temps **-er-** et la marque de personne **-ai** ou **-as**.

**marcher : je marcherai – tu marcheras**

## Je m'entraine

**1** ✪ **Écris tous les verbes possibles au futur à l'aide de ces étiquettes.**

murmur- | hurl- | parl- | **-er-** | **-ai** | **-as**

**2** ✪ **Relève uniquement les verbes conjugués au futur.**

Tu verras une grosse pierre rouge, tu la soulèveras, tu gratteras la terre jusqu'à ce que tu rencontres un objet très dur : c'est le coffret du savoir.

M. Léonard, *Tibili le petit garçon qui ne voulait pas aller à l'école*, © Magnard Jeunesse.

**3** ✪ **Copie chaque phrase en choisissant le verbe conjugué au futur qui convient.**

**a.** Je (**cherche** / **chercheras** / **chercherai**) des documents sur Internet.

**b.** Tu (**découpes** / **découperai** / **découperas**) la photo de ton animal préféré.

**4** ✪✪ **Transforme ces conseils pour élever des chenilles en utilisant le pronom je.**

Tu ramasseras deux ou trois chenilles dans la nature.
Tu les placeras dans un bocal recouvert de gaze.
Tu donneras chaque jour des feuilles fraiches à manger à tes chenilles. → Je …

**5** ✪✪ **Réécris ce texte en utilisant le pronom tu.**

À la rentrée prochaine, je changerai de classe. Je resterai à l'école le midi et je mangerai au restaurant scolaire. Je participerai à de nombreuses activités.
→ Tu …

## J'écris

**6** **Écris tes idées pour organiser ta prochaine fête d'anniversaire. Tu peux utiliser les verbes *inviter*, *décorer*, *préparer*, *jouer* au futur.**

À mon prochain anniversaire, je …

# Je conjugue les verbes en *-er* au futur avec *il, elle* et *ils, elles*

## Je cherche

**Mauvais temps pour la saison**

Demain le mauvais temps persistera sur une grande partie de la France. Un vent violent soufflera sur les côtes. Il chassera les nuages à l'intérieur des terres en fin de matinée. Les températures monteront légèrement dans la journée. Elles resteront fraiches pour la saison. Le temps s'améliorera en milieu de semaine.

- **Dans quel écrit pourrais-tu lire ce texte ? Justifie ton choix.**
- **Ce texte parle-t-il du passé ? du présent ? du futur ?**
- **Copie les verbes conjugués au futur. Sépare par des traits le radical, la marque du temps et la marque de la personne. Que remarques-tu ?**

## Je manipule pour comprendre

**1** **Associe ces étiquettes pour construire le plus possible de verbes conjugués au futur. Écris-les.**

MATÉRIEL

| tomb- | il/elle | nous | -a | vous | je | -ai | -as |
|---|---|---|---|---|---|---|---|
| -er- | -ont | tu | -ez | ils/elles | -ons | | |

**2** **Lis à voix haute les verbes que tu as trouvés dans l'exercice 1. Que remarques-tu ?**

**3** **Écris la marque de personne du futur qui correspond à chaque pronom.**

je → … tu → … nous → … vous → … il/elle → … ils/elles → …

## Je retiens

✓ Pour conjuguer au futur les verbes en ***-er*** avec les pronoms ***il/elle*** et ***ils/elles***, j'écris le radical du verbe, puis j'ajoute la terminaison du futur : la marque de temps **-er-** et la marque de personne **-a** ou **-ont**.

**marcher : il/elle marchera – ils/elles marcheront**

⚠ Certains verbes conjugués au futur se prononcent de la même façon mais ne s'écrivent pas pareil.

**nous marcherons – ils/elles marcheront**

**tu marcheras – il/elle marchera**

## Je m'entraine

**1** ✪ **Relève uniquement les verbes conjugués au futur.**

| | | | |
|---|---|---|---|
| Il voyagera.<br>Il a voyagé. | Léa ramassera.<br>Léa ramasse. | Elles nageront.<br>Elles nagent. | Ils dineront.<br>Ils dinaient. |

**2** ✪ **Réécris ce texte en choisissant les verbes conjugués qui conviennent.**

Au printemps, les hirondelles (**fabriquerons** / **fabriqueront**) des nids. Chaque oiseau (**apporteras** / **apportera**) de la boue dans son bec pour coller des brindilles.

**3** ✪ **Réécris ces phrases au futur.**

a. Le maitre **efface** le tableau. → Plus tard, ...

b. Les élèves responsables **ramassent** les cahiers. → En fin de journée, ...

c. Nous **rentrons** dans le calme. → Après la récréation, ...

**4** ✪✪ **Copie les verbes conjugués au futur. Souligne leur radical, entoure la marque de temps en vert et la marque de personne en rouge.**

Au printemps, des fleurs se formeront sur les arbres. En butinant, les abeilles transporteront le pollen d'une fleur à l'autre. Puis les fleurs se transformeront en fruits.

## J'écris

**5** **Lisa réconforte son petit frère qui a peur de l'orage. Écris ce qu'elle lui dit pour le rassurer. Tu peux utiliser les mots : *tonnerre*, *éclair*, *foudre*, *pluie*, *vent*, *tomber*, *illuminer*, *souffler*... dans des phrases au futur.**

Tu n'auras pas peur quand ...

# Je conjugue les verbes *être* et *avoir* au futur

## Je cherche

- **Ces bulles expriment-elles le passé, le présent ou le futur ?**
- **Copie les verbes conjugués et leurs sujets. Classe-les selon leur infinitif. Que remarques-tu ?**

## Je manipule pour comprendre

**1** **Réécris cette phrase au futur avec tous les pronoms de conjugaison.**
- **Écris les verbes les uns sous les autres.**

Quand **j'aurai** 10 ans, **je serai** au CM2.

Quand **tu …**

- **Entoure la marque de temps du futur en vert et les marques de personne du futur en rouge.**
- **Souligne le radical du verbe *être* conjugué au futur.**
- **Souligne le radical du verbe *avoir* conjugué au futur.**

**2**
- **Groupe les formes du verbe *être* conjugué au futur qui se prononcent de la même manière. Écris-les.**
- **Groupe les formes du verbe *avoir* conjugué au futur qui se prononcent de la même manière. Écris-les.**

## Je retiens

✓ Au futur, certains verbes, comme ***être*** et ***avoir***, ont un radical très différent de leur infinitif.

***être*** et ***avoir*** ont les mêmes marques de temps et de personnes que les autres verbes au futur.

**être : je serai – vous serez – tu seras – il/elle sera – nous serons – ils/elles seront**

**avoir : j'aurai – vous aurez – tu auras – il/elle aura – nous aurons – ils/elles auront**

## Je m'entraine

**1** ✪ **Copie les phrases qui comportent les verbes *être* ou *avoir* au futur.**

Un championnat de natation se déroulera la semaine prochaine. Les différentes équipes nageront dans les mêmes bassins. Les spectateurs seront dans les gradins. Les entraineurs auront des sièges réservés.

**2** ✪ **Relève tous les verbes conjugués au futur et indique s'il s'agit du verbe *être* ou *avoir*.**

Ce fraisier sera bientôt en fleur. Les fraises ne seront pas mures avant un mois. Elles auront un peu de retard. Nous aurons la patience d'attendre. Mais vous serez les premiers à les gouter.

**3** ✪ **Réécris chaque phrase en choisissant le verbe conjugué qui convient.**

a. Il (auras / aura) soif.
b. J'(aurai / aurez) peur.
c. Nous (serons / seront) à l'heure.
d. Tu (seras / sera) au gymnase.
e. Vous (serai / serez) en retard.
f. Elles (aurons / auront) du travail.

**4** ✪✪ **Réécris ce texte au futur.**

Les Jeux olympiques ont lieu cette année. Des athlètes sont choisis pour y participer. Antoine a la chance de les voir.

## J'écris

**5** **Lis cette comptine et invente une suite avec les pronoms *nous* ou *vous* ou *ils* ou *elles*.**

**La malle aux déguisements**

Des plumes, une hache,
et je serai un Indien.
Je n'aurai peur de rien.
Une baguette, une étoile
et tu seras une fée.
Tu réaliseras mes souhaits.

# Je comprends la formation du passé composé

## Je cherche

« Hier, je suis allé au zoo !
J'ai observé des tigres,
des singes, des éléphants…
Le gorille a crié très fort.
Avec mes copains, nous avons donné des graines aux oiseaux.
Ils ont volé très haut ! »

- **À ton avis, quand les évènements racontés par le petit garçon se sont-ils déroulés ?**

avant le moment où il raconte — au moment où il raconte — après le moment où il raconte

- **Les verbes surlignés en rose sont conjugués à un nouveau temps. Compare ce nouveau temps aux temps que tu connais.**

## Je manipule pour comprendre

MATÉRIEL

**1 Associe ces étiquettes et explique ton association.**

a attrapé — manger — ai rangé — avons sauté — attraper — ranger — sauter — ai mangé

**2 Réécris ce texte au présent et souligne tous les mots qui ont changé.**

Nous avons visité l'espace des singes. Ils ont grimpé dans les arbres. Ils sont arrivés en haut à toute allure. Ils ont sauté de branche en branche. Nous sommes restés longtemps à les observer.

**3 Classe ces verbes conjugués en deux colonnes. Explique ton classement.**

êtes rentrés • avons acheté • es sortie • sommes restés • ai payé • ont essayé • sont arrivées • avez observé

## Je retiens

✓ Le passé composé est un temps du passé. Il est formé de deux parties.

**parler** → **j'ai parlé**

**rentrer** → je **suis rentrée**

✓ La première partie se compose de ***être*** ou de ***avoir***.

j'**ai parlé** je **suis allé** je **suis partie**

## Je m'entraine

**1 ✪ Réécris les phrases en ajoutant *hier* quand cela est possible.**

a. Pour aller au musée, nous avons marché longtemps.

b. Nous avons regardé des portraits de rois.

c. Nous écrirons le compte rendu de cette sortie.

**2 ✪✪ Trouve l'intrus. Explique comment tu le sais.**

il a regardé • j'ai acheté • elle racontait • nous avons traversé

**3 ✪✪ Copie uniquement les phrases écrites au passé composé.**

Il pleuvait fort hier soir. Le bus roulait vite. Le chauffeur a freiné brusquement au feu rouge. Le véhicule a glissé sur la route mouillée. Il s'est arrêté à temps.

**4 ✪✪ Choisis la forme verbale qui convient pour écrire des phrases au passé composé. Explique tes choix.**

a. Tu (**es arrivé** / **est arrivé**) en avance au cinéma.

b. Nadia (**as téléphoné** / **a téléphoné**) à sa cousine pour son anniversaire.

c. Tu (**as mangé** / **a mangé**) trop de bonbons, tu vas être malade.

## J'écris

**5 Écris un texte de trois phrases dans lequel tu utiliseras les formes verbales suivantes :**

**avons dessiné** • **as entouré** • **ai souligné** • **est terminé**

# J'apprends l'ordre alphabétique

## Je cherche

- **Relève les mots qu'Inès lit dans le dictionnaire.**
- **À ton avis, comment les mots sont-ils classés ?**

en respectant la taille des animaux | dans l'ordre alphabétique | en suivant les idées d'Inès

## Je manipule pour comprendre

MATÉRIEL

**1 Classe les mots de chaque série dans l'ordre alphabétique.**

a. datte • banane • ananas • cerise
b. table • chaise • armoire • fauteuil
c. vert • bleu • orange • marron

**2 Copie chaque liste en ajoutant l'un des mots suivants à la bonne place.**

orange | nager | rugby

a. ananas – banane – kiwi – prune
b. courir – jouer – rire – sauter
c. équitation – football – natation – volley

**3 Ajoute deux mots dans chaque série en respectant l'ordre alphabétique.**

a. abricot – ... – ... – poire
b. chêne – ... – ... – sapin
c. football – ... – ... – tennis
d. caleçon – ... – ... – chemise

## Je retiens

✓ L'alphabet est composé de 20 consonnes et 6 voyelles. Ces 26 lettres sont rangées dans l'ordre alphabétique.

a – b – c – d – e – f – g – h – i – j – k – l – m – n – o – p – q – r – s – t – u – v – w – x – y – z

✓ L'ordre alphabétique sert à classer les mots dans le dictionnaire.

✓ Pour classer des mots dans l'ordre alphabétique, je regarde d'abord la première lettre.

jaguar – koala – lion – mammouth

✓ Si les mots commencent par la même lettre, je regarde la deuxième lettre.

karaté – kimono – koala

## Je m'entraine

**1** ✪ **Classe les mots dans l'ordre alphabétique.**

trousse | lunettes | matin | colle | souris | neige

**2** ✪ **Classe les mots de chaque série dans l'ordre alphabétique.**

a. ami – aile – astre – appeler
b. zéro – zoo – zapper – zigzaguer
c. lumière – lézard – liberté – lait
d. képi – kangourou – koala – kiwi

**3** ✪✪ **Complète chaque série en ajoutant l'un des mots suivants.**

frayeur | fée | flan

a. faucon – ... – ficelle
b. figue – ... – forêt
c. forme – ... – fuir

**4** ✪✪ **Classe les mots de chaque série dans l'ordre alphabétique. Explique tes choix.**

a. escargot | échelle | escalier
b. tomate | tortue | trotter
c. carte | cartable | cravate

## J'écris

**5** **Relève trois mots illustrés dans ce dessin. Classe-les dans l'ordre alphabétique. Écris une phrase avec le premier mot de ta liste.**

# Je découvre et j'utilise le dictionnaire

## Je cherche

2 → saute-mouton

A B C D E F G H I J K L M N O P Q R S T U V W X Y

1 → **saute-mouton** nom masculin

Jouer à **saute-mouton**, c'est sauter, les jambes écartées, par-dessus une personne qui se tient courbée.

Ce mot s'écrit avec un trait d'union.

4 →

Ils jouent à **saute-mouton**.

**sauter** verbe

5 → Sauter, c'est s'élever au-dessus du sol et retomber. *Les kangourous **sautent** pour se déplacer.*

**sauterelle** nom féminin

Une **sauterelle** est un insecte vert ou jaune qui fait des sauts en s'appuyant sur ses pattes de derrière.

▶ Le mâle fait entendre un bruit aigu en frottant ses ailes.

→ Cherche criquet et grillon.

une **sauterelle**

**sautiller** verbe

Sautiller, c'est faire de petits sauts. *Le moineau **sautille** sur une branche.*

**sauvage** adjectif

1 Un animal **sauvage** est un animal qui vit en liberté dans la nature. *Je regarde souvent les reportages sur les animaux **sauvages**.* Contraires : domestique, familier.

2 Une plante **sauvage** est une plante qui pousse toute seule, qui n'est pas cultivée.

3 Un être **sauvage** ne se laisse pas approcher facilement. *Mon chat est un peu **sauvage**.* Synonymes : craintif, farouche.

**sauver** verbe

1 Sauver quelqu'un, un animal, c'est le faire échapper à un grave danger. *Le maître nageur **a sauvé** un enfant qui allait se noyer.*

2 **Se sauver**, c'est s'éloigner très vite pour échapper à quelque chose ou à quelqu'un. *Quand il m'a vu, le chat **s'est sauvé**.* Synonymes : s'enfuir, fuir.

● Mots de la même famille : sauvetage, sauveteur.

**sauvetage** nom masculin

1 Un **sauvetage**, c'est l'action de sauver des personnes. *Le **sauvetage** de l'alpiniste a demandé plusieurs heures.*

2 Un **gilet de sauvetage** sert à flotter si l'on tombe d'un bateau. *À l'école de voile, on met des **gilets de sauvetage**.*

**sauveteur** nom masculin

Un **sauveteur** est une personne qui porte secours à ceux qui sont en danger. *Les **sauveteurs** sont partis à la recherche des skieurs disparus.* ← 8

550

(3 → B ; 6 → S ; 7 → sautille, sauvage, 1, 2, 3)

*Dictionnaire des Maxi Débutants*, © Larousse.

- **Observe la page de dictionnaire.**
- **Associe chaque numéro à l'information qui correspond.**

une phrase exemple — la première lettre des mots sur la page — la définition du mot — le mot-repère — l'ordre alphabétique pour mieux se repérer — le mot à définir — l'illustration qui aide à comprendre — les différents sens d'un mot

- **Relève un mot sur la page qui a trois définitions.**
- **Relève la phrase exemple pour le mot *sauter*.**

## Je manipule pour comprendre

**1** **Relève les mots qui peuvent se trouver sur une même page de dictionnaire.**
jetable • hibou • jeunesse • jeton • château • joli • jogging

**2** **Cherche dans le dictionnaire le mot qui correspond à chaque illustration et écris-le.**

a.  b.  c. 

## Je retiens

✓ Dans le dictionnaire, les mots sont rangés dans l'**ordre alphabétique**.

✓ Le **mot-repère** indique le premier mot expliqué dans la page. Les exemples et les illustrations m'aident à comprendre le mot.

✓ J'utilise le dictionnaire pour connaitre le **sens d'un mot**, sa **définition** et pour vérifier son **orthographe**.

## Je m'entraine

**1** ✪ **Dans ton dictionnaire, relève le mot écrit juste avant chacun des mots suivants.**
piment | ruban | stylo | venir

**2** ✪ **Dans ton dictionnaire, relève le mot écrit juste après chacun des mots suivants.**
couleur | doux | limace | nid

**3** ✪ **Recherche dans ton dictionnaire la définition des mots surlignés.**
Le territoire d'une tortue est plein de creux, de bosses, de pierres, de buissons épineux. Mais quand cette petite têtue décide d'aller dans une direction, ce ne sont pas ces quelques obstacles qui vont l'en empêcher.

**4** ✪✪ **Cherche ces mots dans le dictionnaire. Puis, copie leur définition.**
viaduc • brise • tubercule • urne

## J'écris

**5** **Écris une phrase en utilisant chaque mot illustré. Vérifie l'orthographe dans le dictionnaire.**

a.  b.  c. 

# Je reconnais les mots d'une même famille

## Je cherche

jardinière jardinier

jardinerie

jardinet jardiner

jardinage

- Copie ces mots et souligne la partie qu'ils ont en commun. Quelles remarques peux-tu faire ?
- On dit que ces mots sont de « la même famille » : explique pourquoi on utilise cette expression.

## Je manipule pour comprendre

**1** MATÉRIEL **Relève les mots de la famille de *blanc*.**

blanchir blason blanchisserie blancheur
blague blaireau blanchâtre

**2** MATÉRIEL **Classe ensemble les mots qui sont de la même famille.**

citron glace glaçon largement
citronnade glacier élargir
glaçage largeur citronnier

**3** **Relève l'intrus dans chaque série et explique ton choix.**

a. lait laitier laiterie laitue

b. plonger plomb plongeon plongeur

c. sec sécheresse seconde assécher

## Je retiens

✓ Pour reconnaitre les mots d'une même famille, je repère la partie commune. Je remarque aussi que des mots d'une même famille ont un sens commun.

couper – découper – coupant – découpage

✓ Je construis des mots de même famille en ajoutant une ou plusieurs syllabes au début ou à la fin du mot.

| couper | un mont |
| --- | --- |
| découper – coupant – découpage | une montagne – un montagnard – montagneux |

## Je m'entraine

**1** ✪ **Trouve les intrus dans chaque série.**

a. le dentiste – un dentier – la dentelle la dentition – la dentellière – le dentifrice

b. terrestre – un terrain – une termite le terminus – atterrir – une terrasse

**2** ✪ **Écris un verbe de la même famille que chacun des mots suivants.**

grand | un pli | la peinture | maigre | une gomme

**3** ✪✪ **Regroupe les mots de la même famille. Souligne les syllabes communes.**

bruler • brume • brulant • brusque • brulure
brumeux • brusquer • brusquement

**4** ✪✪ **Complète chaque série par un mot de la même famille.**

a. blanc – blanchir – ...

b. plante – plantation – ...

c. allonger – longuement – ...

## J'écris

**5** **À l'aide de l'illustration, choisis trois noms de fruits. Trouve les noms des arbres qui donnent ces fruits. Écris une phrase avec chacun des noms d'arbres.**

# Je reconnais les synonymes et les antonymes

## Je cherche

**Texte A**

Le cycliste monte la côte. Il avance lentement. Chaque mètre parcouru l'éloigne du peloton. Sera-t-il le premier de la course ?

**Texte B**

Le cycliste grimpe la côte. Il avance doucement. Chaque mètre parcouru l'écarte du peloton. Sera-t-il le vainqueur de la course ?

**Texte C**

Le cycliste descend la côte. Il avance vite. Chaque mètre parcouru le rapproche du peloton. Sera-t-il le dernier de la course ?

- **Lis les textes A et B. Compare-les.**
- **Associe chaque mot surligné (texte A) à un mot de même sens (texte B).**
- **Lis le texte C et compare-le au texte A. Que remarques-tu ?**

## Je manipule pour comprendre

MATÉRIEL

**1** **Classe ensemble les mots qui ont le même sens. Complète chacune de tes listes avec des mots que tu connais. Explique tes choix.**

laid — une maison — amusant — une demeure
drôle — vilain — une habitation — moche

**2** **Relève dans chaque phrase les mots qui ont le même sens.**

a. J'ai trouvé une vieille photo dans l'ancienne armoire.
b. Hier il a taillé la haie et il s'est coupé un doigt.
c. Le garagiste a beaucoup d'appareils. Ces machines sont très compliquées à utiliser.

**3** **Choisis le contraire de chaque verbe dans la liste suivante.**

détester • attendre • recevoir • avancer • fermer • partir • perdre • obtenir • éternuer

a. ouvrir b. reculer c. gagner d. aimer

## Je retiens

✓ Les synonymes sont des mots qui ont presque le même sens.
On utilise des synonymes pour éviter les répétitions dans un texte.

✓ Les antonymes sont des mots de sens contraire.

| | synonymes | antonymes |
|---|---|---|
| **noms** | **le début = le commencement** | **le début / la fin** |
| **verbes** | **s'amuser = se distraire** | **s'amuser / s'ennuyer** |
| **adjectifs** | **belle = superbe** | **belle / laide** |

⚠ Certains mots n'ont ni synonyme ni antonyme : **éternuer**.

## Je m'entraine

**1** ✪ **Relève l'intrus dans les séries de mots proposées et explique ton choix.**

a. voir – visiter – observer – regarder – apercevoir

b. laid – vilain – joli – affreux

c. un album – un livre – un ouvrage – un cahier

**2** ✪ **Associe les mots antonymes.**

lisse · foncé · riche · clair · plein · rugueux · pauvre · vide

**3** ✪✪ **Remplace les mots soulignés par un synonyme choisi parmi les mots suivants.**

s'est sauvé · du bâtiment · valises · véhicule · splendide · superbe · volé · maison · s'est enfui · appartement

a. L'homme a <u>pris</u> les bijoux puis il <u>est parti</u> par la cave <u>de l'immeuble</u>.

b. Nous faisons nos <u>bagages</u> puis nous prendrons notre <u>voiture</u> pour nous rendre dans un endroit <u>magnifique</u>.

**4** ✪✪ **Cherche deux antonymes du verbe *fabriquer*.
Utilise chacun d'eux dans une phrase.**

## J'écris

**5** **Réécris la phrase en remplaçant chaque mot en couleur par un synonyme.**

Je suis **content** de m'installer sous le **grand** chêne pour lire un **beau** livre d'aventures.

# Je reconnais des mots qui ont plusieurs sens

## Je cherche

**énumérer** verbe
Énumérer, c'est dire une suite de mots, l'un après l'autre. *Peux-tu **énumérer** les mois de l'année ?* **Synonyme :** citer.
● Mot de la même famille : énumération.

**jouer** verbe
1 **Jouer**, c'est se distraire en faisant des jeux. *Pendant la récréation, nous **jouons** dans la cour.* **Synonyme :** s'amuser.
2 **Jouer**, c'est faire un sport. *Mathilde **joue** au basket.*
3 **Jouer** d'un instrument de musique, c'est en tirer des sons mélodieux. *Lucas **joue** de la guitare.*
4 Au théâtre, au cinéma, **jouer**, c'est avoir un rôle. *Natacha **a joué** la Petite Sirène.*
● Mots de la même famille : jeu, jouet, joueur.

*Dictionnaire des débutants*, © Larousse.

**Compare les deux articles de dictionnaire :**
- **relève leurs points communs ;**
- **explique ce qui est différent.**

## Je manipule pour comprendre

**1** **Cherche dans ton dictionnaire les mots suivants :** ***mousse* • *pièce* • *pousser***
**Copie la définition qui correspond au sens du mot surligné dans chaque phrase. Souligne ce qui t'a aidé.**
a. Dans son portemonnaie, Clara a plusieurs pièces.
b. Le tronc de l'arbre est recouvert de mousse.
c. Samy pousse la porte pour entrer.

**2** **Relève dans le dictionnaire un mot qui a un sens, un mot qui a deux sens et un mot qui a trois sens. Explique comment tu fais.**

## Je retiens

✓ Certains mots peuvent avoir plusieurs sens.

✓ Pour comprendre le sens d'un mot qui a plusieurs significations, je dois faire attention aux mots qui l'entourent.

**J'écris sur une feuille blanche.** C'est le verbe « écrire » qui indique qu'il s'agit d'une feuille de papier.

**Je marche sur les feuilles mortes.** C'est l'adjectif « mortes » qui me fait penser à la feuille de l'arbre.

✓ Le dictionnaire m'aide à connaitre les différents sens d'un mot. Je trouve dans l'article une définition pour chaque sens.

## Je m'entraine

**1** ✪ **Lis cet article de dictionnaire.**
**Combien le mot « glace » a-t-il de définitions ? Explique comment tu le sais.**

**glace** **nom féminin**

1 La **glace** est de l'eau qui a gelé et qui est devenue solide.

2 Une **glace** est une crème glacée parfumée. *J'aime les **glaces** à la framboise.*

3 Une **glace** est une plaque de verre qui est faite pour refléter les images. *Je me regarde dans la **glace**.*

Synonyme : miroir.

● Mots de la même famille : glacé, glacial, glacier, glaçon.

*Dictionnaire des débutants*, © Larousse.

**2** ✪✪ **Cherche chaque mot surligné dans le dictionnaire.**
**Copie la définition qui correspond à chacun de ces mots.**

a. Pour trouver le trésor, le pirate se sert d'une carte.

b. Le directeur de l'école reçoit les parents dans son bureau.

c. Les enfants jouent sur la place.

**3** ✪✪ **Associe la bonne définition du mot *frais* à chaque phrase.**
**Souligne ce qui t'a aidé(e).**

| | |
|---|---|
| a. qui a été fabriqué il y a peu de temps. | 1. En automne les nuits sont fraiches. |
| b. qui n'est ni séché ni en conserve. | 2. La boulangerie sent bon le pain frais. |
| c. légèrement froid. | 3. Manger des légumes frais est bon pour la santé. |
| d. récent. | 4. Il y a des traces fraiches sur la neige. |

## J'écris

**4** **Le mot quartier a plusieurs sens.**
**Écris deux phrases dans lesquelles il aura un sens différent.**

# Je reconnais les mots génériques

## Je cherche

poireau   ananas   lapin   courgette   potiron   carotte

kangourou   radis   artichaut   cerise

**Leïla a rangé ses images dans son album.**

- **Aide-la à compléter les pages commencées en choisissant les bonnes étiquettes. Explique tes choix.**
- **Constitue une page de plus avec les étiquettes restantes.**
- **Donne un titre à chaque page.**

## Je manipule pour comprendre

MATÉRIEL

**1** **Classe chaque mot sous la bonne étiquette :** métiers   outils

charpentier • marteau • scie • boulanger • médecin • tournevis • garagiste

**2** **Relève le mot-étiquette présent dans chaque liste.**

a. poireaux – légumes – courgettes – pommes de terre – carottes

b. roses – tulipes – orchidées – fleurs – violettes

c. football – rugby – tennis – judo – sports

## Je retiens

✓ Un mot-étiquette est un mot qui a un sens général. On l'appelle aussi mot générique.
Il permet de faire des catégories, c'est-à-dire de regrouper des mots qui ont un sens particulier.
Le mot **bateau** est le mot générique des mots comme **voilier**, **barque**, **paquebot**.

## Je m'entraine

**1** ✪ **Écris une liste de trois mots pour chaque mot générique.**

meuble | oiseau | habitation | cuisiner

**2** ✪ **Relève les mots génériques dans la liste suivante.**

robe • clouer • vêtements • scier • chemise • pull • bricoler • percer

**3** ✪✪ **Ajoute deux mots dans chaque série. Explique ton choix.**

a. palmier – cèdre – pommier …

b. Autriche – Chine – Maroc…

**4** ✪✪ **Relève l'intrus dans chaque série. Explique ton choix.**

a. voilier | cargo | camion | paquebot

b. datte | orange | pastèque | poireau

**5** ✪✪ **Relève trois mots génériques dans ce texte. Écris une liste de trois mots pour chacun d'entre eux.**

Pour rester en bonne santé, nous devons manger des aliments variés. Les fruits comme les pommes, les bananes, les oranges apportent des vitamines. Les légumes sont indispensables.

**6** ✪✪ **Donne le mot générique qui correspond à chaque liste de mots.**

a. planter – arroser – tondre – semer

b. s'exprimer – dire – échanger – répondre

## J'écris

**7** **Écris la définition des mots suivants. Utilise un mot générique dans chaque définition.**

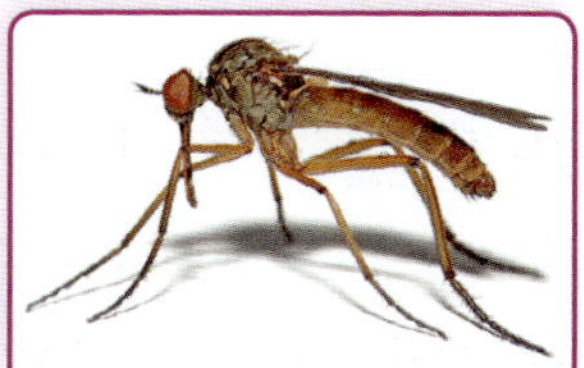
un moustique

un citron

## Crédits photographiques

**p. 10**: Création graphique ATOOCOM ■ **p. 11**: Wonderisland/Fotolia ■ **p. 14**: Shutterstock ■ **p. 24**: Corbis/Getty images; Fotolia.com ■ **p. 26**: Reza/Webistan; Suzi Eszterhas/Biosphoto ■ **p. 40**: INPES ■ **p. 58**: Turton Collection/The Bridgeman Art Library ■ **p. 60**: Jean Lecomte/Biosphoto; Dpendelton/Fotolia; Vodolaz/Fotolia; Brandon Cole/Biosphoto ■ **p. 64**: B&S Fletcher/Novapix; Fotolia.com ■ **p. 78**: Prod DB © Warner/DR; Collection Christophe L © Warner Bros ■ **p. 106**: Vectorgirl/Fotolia ■ **p. 112**: Istockphoto; Eric Isselée/Premium Access; Dolennen/Fotolia ■ **p. 117**: Alinamd/Fotolia ■ **p. 121**: Corbis/Getty ■ **p. 122**: Fabrice Simon/Bios ■ **p. 124**: Michael Geliner/Fotolia ■ **p. 125**: Istockphoto.com; Kokhanchikov/Fotolia ■ **p. 127**: Mario Beauregard/Fotolia ■ **p. 132**: Patryssia/Fotolia ■ **p. 133**: Istockphoto.com ■ **p. 134**: Wusuowei/Fotolia ■ **p. 135**: M. Studio/Fotolia ■ **p. 137**: Sergii Figurnyi/Fotolia ■ **p. 139**: Fotolia ■ **p. 141**: Nutsiam/Shutterstock ■ **p. 143**: Pascal Guyoy/AFP ■ **p. 147**: Fotolia ■ **p. 151**: DM7/Fotolia ■ **p. 167**: De Agostini/Leemage ■ **p. 170**: Vladimir Sazonov/Fotolia ■ **p. 171**: Sergii Figurnyi/Fotolia ■ **p. 173**: Godunovatatiana/Fotolia ■ **p. 177**: Luis Carlos Jumenez/Fotolia ■ **p. 180**: Volkerladwig/Fotolia ■ **p. 181**: Epantha/Fotolia; Yvdavid/Fotolia ■ **p. 185**: Sophie Demange/Premium Access ■ **p. 190**: Panda3800/Fotolia; Eric Isselée/Premium Access; Anna Kucherova/Fotolia; Zorandimzr/Fotolia; nata777_7/Fotolia; yevgeniy11/Fotolia; Pavlo Kucherov/Fotolia; Tanyaeroko/Fotolia ■ **p. 191**: André Karwath/Wikimedia; Atoss/Fotolia.

## Illustrations

### Illustrations intérieures

Vincent Bergier (pp. 13) ■ Ewen Blain (pp. 32-33, 80-81) ■ Marion Cocklico (pp. 46-47) ■ Bérengère Delaporte (pp. 4 (haut), 88-93, 98-99, 100-101, 102-103, 111 (carottes, courgettes et chocolat), 116 (sauf perroquets), 117 (sauf chaussures vertes), 124, 131, 136, 140 (les visages)-141, 146 (visages), 149 (J'écris), 153, 154-155, 156-157, 158-159, 161, 169, 175, 176, 178, 183, 185, 186) ■ Olivier Deloye (pp. 42-43, 86-87) ■ Cécile Gambini (pp. 8-9, 22-23) ■ Laetitia Le Saux (pp. 2 (bas), 36-37) ■ Grégoire Mabire (pp. 96, 104-105 (haut), 106-107, 108-109, 111 (javelot et croissant), 113, 114 (sauf lampe), 115, 117 (chaussures vertes), 119, 120, 123, 126-127, 133, 134-135, 137, 138-139, 144-145, 146 (requin)-147, 148-149, 151, 152, 160, 162-163, 166-167, 171, 172-173, 174, 177, 180-181, 187, page de garde arrière) ■ Anne Montel (pp. 48-49) ■ Sébastien Pelon (pp. 3 (haut), 4 (bas), 53 à 57, 66-67) ■ Claire Perret (pp. 74-75) ■ Nancy Ribard (pp. 70 à 72) ■ Béatrice Rodriguez (pp. 28-29) ■ Stéphanie Rubini (les 4 personnages récurrents dans les pages d'expression écrite et orale, pp. 17, 82-83, 104 (voiture), 111 (pastèque), 114 (lampe), 116 (perroquets), 140 (Poulerousse), 164-165, 168, 179, 184, 188-189 ■ SoiseM (pp. 3 (bas), 7, 18 à 21, 76) ■ Yohann Turi (pp. 68-69).

### Illustrations extraites d'œuvres originales

Frédéric Pillot, *Lulu Vroumette*, © Magnard Jeunesse (pp. 2 (haut), 12) ■ Quentin Blake, *Un amour de tortue*, © Éditions Gallimard Jeunesse (pp. 16) ■ Rémi Saillard, *Ma première encyclopédie Dokéo*, © Nathan Jeunesse (pp. 30-31) ■ Serge Bloch, *Mystère*, © Éditions Gallimard (pp. 44-45) ■ Didier Balicevic, *D'où vient le chocolat de ma tablette ?*, © 2010 Tourbillon (pp. 50 à 52) ■ Christian Jolibois et Christian Heinrich, *Un poulailler dans les étoiles*, © Pocket Jeunesse, un département d'Univers Poche, 2002 (pp. 62-63) ■ Bob Graham, *Les neuf vies d'Aristote*, © Éditions Gallimard Jeunesse (pp. 84-85).

### Couvertures d'ouvrages

(pp. 15) Antoon Krings, *Lulu la tortue*, © Éditions Gallimard Jeunesse / Paul Starosta, Benjamin Samason, *La Tortue, étonnante centenaire*, © Éditions Milan / Roba, *Boule et Bill*, t. 13, © Studio Boule & Bill, 2016 ■ (pp. 33) : *Les Nouveaux Outils pour les maths*, © Éditions Magnard / Bernard Friot, Jacques Azam, *Histoires minutes*, © Éditions Milan / *La cuisine des enfants*, © Larousse ■ (pp. 35) / Roba, *Boule et Bill*, t. 13, © Studio Boule & Bill, 2016 / *Le Chien*, © Éditions Gallimard Jeunesse / Roba, *Boule et Bill*, t. 1, © Studio Boule & Bill, 2016 ■ (pp. 52) : Karine Harel, Didier Balicevic, *D'où vient le chocolat de ma tablette ?*, © 2010 Tourbillon / Bernard Friot, Henri Meunier, *Amanda chocolat*, © Éditions Milan ■ (pp. 65) : *Ma première Encyclopédie Larousse 4-7 ans*, © Larousse / Christian Jolibois et Christian Heinrich, *Un poulailler dans les étoiles*, © Pocket Jeunesse, un département d'Univers Poche, 2002 / *Dictionnaire des Maxi Débutants*, © Larousse.

### Illustration de la couverture : Marie Desbons

**Conception de couverture :** François Supiot
**Conception maquette intérieure :** Line Lebrun
**Mise en page :** Soft Office (38)
**Relecture :** Marianne Stjepanovic-Pauly
**Iconographie :** Geoffroy Mauzé
**Responsable d'édition :** Anne Samain
**Coordination éditoriale :** Virginie Cartou
**Édition :** Anne-Lise Barbanès (Oral-Lecture-Écriture), Virginie Cartou (Étude de la langue)



IMPRIM'VERT®

Achevé d'imprimer en janvier 2018 en France par Pollina - 12174
Dépôt légal : janvier 2017 – N° d'éditeur 2017-1712

PEFC 10-31-2065

## J'apprends à classer

### déterminants

le, la, l', ta, un, une, sa, son, les, mes, des

### noms

#### noms communs

chien, oiseau, fille, garçon, maison, voiture, stylo, route, musique, tristesse

#### noms propres

Assia, Paolo, Rome, Maroc, France, Seine, Europe

### adjectifs

grand / grande
fort / forte
mou / molle
affreux / affreuse
haut, joli
petit, propre

## J'apprends à utiliser les mots pour former des phrases